FREMDSPRACHENTEXTE

Claire Devers
Jean-Louis Benoît

La Voleuse de Saint-Lubin

Scénario

Herausgegeben von
Karl Stoppel

Philipp Reclam jun. Stuttgart

Diese Ausgabe darf nur in der Bundesrepublik Deutschland, in Österreich und in der Schweiz vertrieben werden.

Auf Videocassette ist der Film *La Voleuse de Saint-Lubin* bei der Firma Lingua Video (www.lingua-video.com) erhältlich.

Universal-Bibliothek Nr. 9125

Gesamtherstellung: Reclam, Ditzingen. Printed in Germany 2004

ISBN 3-15-009125-X

www.reclam.de

Vorwort

Seit ihrem ersten Spielfilm *Noir et Blanc* (1985), für den sie bereits Preise erhielt, drehte die 1955 geborene Regisseurin Claire Devers Filme für das Kino (*Chimère*, 1989; *Max et Jérémie*, 1992; *Les Marins perdus*, 2001) wie für das Fernsehen (*Le Crime de Monsieur Stil*, 1995; *Mylène*, 1996). Mit *La Voleuse de Saint-Lubin* (1999), einem bedrückenden Sozialdrama, hat sie sicherlich einen Höhepunkt ihres bisherigen Schaffens erreicht.

Der Film beruht auf einer wahren Begebenheit aus dem Jahr 1996 (s. Annexe S. 113ff.: Artikel aus *Le Monde*, Urteilsbegründung der 2. Instanz). Claire Devers stellt sich mit ihm in eine lange Tradition des französischen Kinos – der Vorkriegszeit wie auch der letzten Jahre –, den Zuschauer meisterhaft in eine Realität einzuführen, ohne gleichzeitig in sprödes pseudo-dokumentarisches Kino abzugleiten. Dies schließt keinesfalls aus, dass die bedrückende Wirklichkeit lange und ausführlich auf der Leinwand zu sehen ist (wie die Szenen auf dem Sozialamt zu Beginn, die Passagen, welche Françoise Barnier bei der Arbeit in der Fleischwarenfabrik zeigen, u. a. m.).

Im besten Sinne realistisch zeigt der Film, unter Beschränkung auf die wesentlichsten Elemente, wie schrecklich banal-zwangsläufig die Hauptfigur in Geschehnisse verwickelt wird, die sie offenbar nicht mehr zu beeinflussen vermag, so aufrecht, ehrlich und energisch sie sich auch verhält.

Françoise Barnier, 36 Jahre alt, ist geschieden. Sie muss als alleinerziehende Mutter für zwei Mädchen aufkommen, deren Vater seit der Scheidung nichts mehr von sich hat hören lassen. Ihre Situation war nie rosig, sie hat sich bisher allerdings immer mit aller Kraft bemüht, nicht in Schulden abzugleiten. Die Wohnungsmiete war ihr stets die wichtigste, zu allererst einzukalkulierende Ausgabe: sie will mit den Kindern nicht auf der Straße sitzen. Françoise arbeitet zweieinhalb Stunden täglich als Putzfrau in einer Fabrik für Fleisch- und Wurstwaren, deren Produkte sie sich selbstverständlich niemals leisten kann. Es ist eine ekelhafte Tätigkeit, die ihr weniger einbringt, als das Arbeitslosengeld mit diversen Zulagen ausmachen würde. Aber sie hat gelernt, dass man für seinen Lebensunterhalt arbeiten muss …

Eines Tages erliegt sie den Versuchungen des vorweihnachtlichen Warenüberangebots und begeht Ladendiebstahl, gleich drei Mal hintereinander – sie, die bisher immer versucht hat, ihr Leben nach den Regeln und Gesetzen der Gesellschaft auszurichten. Ihre Tat wirkt wie ein Befreiungsschlag, ein Versuch, sich aus dem eng zugezogenen Netz loszureißen. So muss wohl auch die Tatsache gesehen werden, dass sie ihre Wählerstimme dem FN gibt, der unsäglichen rechtsradikalen Partei, mit der sie beileibe nichts verbindet, wie an anderer Stelle überdeutlich gezeigt wird.

Sie wird gestellt, die Mengen an Fleisch und Fleischprodukten, die sie entwendet hat, lassen sich kaum erklären. Als sie ihr von Sicherheitspersonal und Polizei nach und nach abgenommen werden, scheint sie wie aus einem Traum zu erwachen: »C'est moi qui ai piqué tout ça?!« (S. 21).

In der Mühle der Strafverfolgung begegnet sie zwei

völlig unterschiedlichen Konzeptionen von Recht und Gerechtigkeit.

Françoise versucht zunächst, ihre Situation rückhaltlos darzustellen, rechnet in einem kleinen Schulheft mit Akribie auch die geringsten monatlichen Einnahmen und Ausgaben gegeneinander auf. Jedem soll klar werden, dass sie über kein ausreichendes Einkommen verfügt, um ihre Kinder angemessen und gesund ernähren zu können. Wegen ihrer Notsituation wird sie zunächst freigesprochen, von einer Richterin mit sozialem Gewissen (wegen ›Mundraub‹, so hieß das früher in unserem Land).

Aber der Fall wird zum Politikum, nicht zuletzt, weil er durch Medien ausführlich dargestellt, parteilich kommentiert, z. T. auch aufgebauscht wird. *Le Monde*, eine der bedeutendsten französischen Tageszeitungen, z. B. stellt, getreu ihrer politischen Grundhaltung, im Artikel *L'humaine jurisprudence* (d. h.: menschliche/humane Rechtsprechung) zum realen Fall dar, was so außergewöhnlich an diesem Urteil ist: Bedürftigkeit wird als übergesetzlicher Notstand anerkannt, der außergesetzliches Handeln gebieten kann. Das heißt, genaugenommen, dass in einer derartigen Notlage eben auch fremdes Eigentum angetastet werden darf, eine geradezu revolutionäre Schlussfolgerung.

Der exemplarische Charakter dieser Rechtsprechung wird von *Le Monde* zu Recht hervorgehoben, und genau diese Argumentation mag dazu führen, dass die Staatsanwaltschaft umgehend Berufung einlegt. Das ungewöhnliche Urteil wird wenig später außer Kraft gesetzt, Françoise Barnier in einem zweiten Verfahren für schuldig erklärt und zu einer Geldstrafe verurteilt.

Ja, die Beschuldigte befand sich in einer ›besonders schwierigen persönlichen und finanziellen Situation‹. Aber ihr Bankkonto war (noch) nicht überzogen, also war sie auch nicht mittellos, eine bestechende Logik. Dass durch diverse noch nicht abgerechnete Zahlungen das geringe Guthaben keinesfalls mehr bestand, interessiert das Gericht nicht, und dass seit langem zugesagte Sozialhilfe nie eintrifft, bleibt ebenfalls außer Betracht.

Die juristische Bewertung des Vergehens gipfelt abschließend in der Feststellung, es sei ja noch kein Kind der Beschuldigten an ernährungsbedingten Mangelerscheinungen erkrankt.

Verständnis für ihre Situation? Fehlanzeige. Soll man Ladendiebstahl rechtfertigen, nur weil da eine Familie Hunger leidet? Recht oder Gerechtigkeit? Was die Bürger eines Gemeinwesens im Normalfall schützen soll, wird ganz offenbar in sein Gegenteil verkehrt.

Als ihr der Pflichtverteidiger mit goldener Unbefangenheit dann auch noch rät, ab und zu eben mal ungedeckte Schecks auszustellen, versteht Françoise die Welt nicht mehr: ein paar ungedeckte Schecks sind offenbar bei weitem nicht so schlimm wie ein Griff ins Regal, und irgendwann gibt es dann auch noch Schuldenerlass. Ehrlichkeit und Sparsamkeit sind offensichtlich in dieser Gesellschaft keine gangbaren Wege mehr.

Claire Devers ist ein großartiger Film gelungen, der nicht zuletzt durch seine ganz einfache, dabei unsagbar eindringliche Machart besticht: keine Sekunde ist unnötig.

Karl Stoppel

La Voleuse de Saint-Lubin

L'action se passe de nos jours, en Bretagne.

– PROLOGUE –

1. RENNES, CENTRE COMMUNAL D'ACTION SOCIALE – INT. JOUR

C'est l'été. Il fait chaud.
Une jeune femme, Françoise Barnier, dans les 35 ans, est assise face à un bureau occupé par une assistante sociale. Le dialogue est tendu, le ton haut.

FRANÇOISE. … mais pourqoui dans ces cas-là vous m'ouvrez pas de dossier?

L'ASSISTANTE. Je vous répète, madame Barnier …

FRANÇOISE. Ce serait quand même plus simple!

L'ASSISTANTE *(hors d'elle)*. Mais je ne peux pas!! Ça fait mille fois que je vous explique qu'avec votre si-

[Titel] **Saint-Lubin:** Stadt in der Bretagne (Côtes-d'Armor).
3 **Rennes:** Stadt in der Bretagne, Hauptstadt des Départements Ille-et-Vilaine (35).
3f. **le Centre Communal d'Action Sociale:** etwa: städtisches Sozialamt; Abk. CCAS.
4 **int.:** *intérieur* (m.): Innenaufnahme.
jour: natürliche Beleuchtung, Tageslicht.
6 **dans les 35 ans:** ungefähr 35 Jahre alt.
7f. **une assistante sociale:** Sozialarbeiterin.
8 **tendu, e:** angespannt.
le ton est haut (fig.): man redet hitzig, lautstark.
10 **ouvrir un dossier à qn:** für jdn. eine Akte anlegen; hier: jdn. in die Liste der Bedürftigen aufnehmen (*le dossier:* Akte).

tuation qui n'est quand même pas catastrophique … l'Action Sociale NE PEUT PAS VOUS OUVRIR UN DOSSIER!!

FRANÇOISE. C'est quoi une SITUATION CATASTROPHIQUE!? Vous voyez bien sur mon cahier que je peux pas m'en sortir ce mois-ci. Je compte et recompte … je le sais. Une fois tout payé, il restera rien.

Elle tend un petit cahier Clairefontaine, en tourne les pages, se reporte à des colonnes manuscrites …

FRANÇOISE. Quand même J'Y AI DROIT!! … et puis ce serait juste pour quelques mois … La mairie m'a promis une indemnisation de transport pour ma fille aînée qui va en cours à Rennes et j'ai droit à une allocation de soutien familial pour la plus petite mais …

L'ASSISTANTE. Ça suffit, madame Barnier!! Je suppose que vous vous moquez de moi ou qu'alors … vous avez tellement le nez dans vos problèmes que vous ne voyez plus le monde autour de vous!! … Ici, ce n'est pas la mairie. Je reçois des gens qui ne peuvent même plus payer leur loyer, qui ont plusieurs mois d'arriérés et qui vont se faire expulser …

6 **s'en sortir** (fam.): durchkommen, zu Rande kommen.
9 **le cahier Clairefontaine:** Markenbezeichnung eines französischen Schulhefts.
10 **se reporter à qc:** auf etwas verweisen.
la colonne: (Druck-)Spalte.
manuscrit, e: handgeschrieben.
13 **une indemnisation:** Entschädigung, Kostenersatz.
13 f. **la fille aînée:** älteste Tochter.
14 f. **une allocation de soutien familial:** Kindergeld.
23 **un arriéré:** Zahlungsrückstand.
expulser qn: jdn. zwangsräumen.

Ceux-là, madame Barnier, et c'est normal, passent AVANT VOUS!! C'est peut-être difficile à entendre mais ... vous avez un salaire, pas gros, mais c'est un salaire! Vous n'avez pas de dettes ...

FRANÇOISE. Parce que JE PAYE TOUT! ... C'est bien pour ça que je n'ai plus rien. Mais ça vous ne voulez pas l'entendre! C'est vrai, je fais passer le logement avant le reste, avant la nourriture, avant tout ... mais je veux pas perdre mon logement! ... J'ai deux enfants ... Si j'ai pas de dossier ... qu'est-ce qu'il faut faire? ...

L'ASSISTANTE. Non, le dossier, n'y comptez pas. Je peux vous donner deux bons alimentaires de cent francs, c'est tout ce que je peux faire. Faut comprendre ...

FRANÇOISE *(accablée)*. Que je comprenne pas, qu'est-ce que ça change? ... Alors oui, je comprends. *(Elle réfléchit.)* «Pas de dettes!» Vous êtes en train de me dire ...

L'assistante remplit des formulaires et prépare des bons alimentaires ... Françoise la regarde faire, dépitée.

FRANÇOISE. ... qu'avec des dettes, j'aurais plus de bons ... mais moi, je serai jamais endettée... Je suis peut-être conne ... Bien conne, oui! ... mais je veux pas de dettes! ... Alors qu'est-ce qu'il faut faire?

4 **les dettes** (f.): Schulden.
7 f. **faire passer qc avant qc:** etwas für wichtiger als etwas anderes halten.
8 **la nourriture:** Nahrung.
13 **le bon alimentaire:** Lebensmittelgutschein.
21 f. **dépité, e:** bitter enttäuscht.
24 **endetté, e:** verschuldet.
25 **con, conne** (pop.): bescheuert, blöd, saudumm.

L'ASSISTANCE. Écoutez, aujourd'hui, je vous donne deux fois cent francs. Avant un mois, ça sert à rien de revenir. D'ici là, je ne sais pas … Je vais vous donner la liste des associations que vous connaissez sans doute, et leur adresse pour les distributions alimentaires … *(elle note)* les Restos du cœur, le Secours catholique …

FRANÇOISE *(elle craque, humiliée)*. Mais je mendie pas, je mendie pas. Je veux juste … que la mairie … Je veux juste un peu d'aide pour ce mois-ci. Je n'irai pas, je peux pas … JE SUIS PAS UNE MENDIANTE! JE SUIS PAS UNE VOLEUSE!! *(Elle pleure)* … excusez-moi.

2. ROUTE ENTRE RENNES ET SAINT-LUBIN – EXT. JOUR

Françoise conduit une vieille voiture. Elle bifurque sur une route secondaire à gauche, rétrograde. Un claquement.

5 f. **la distribution alimentaire:** Verteilung von Lebensmitteln.
6 **le Resto du cœur:** soziale Einrichtung, deren Ziel es ist, den Bedürftigsten im Winter kostenlos warme Mahlzeiten zu ermöglichen.
6 f. **le Secours catholique:** katholische Hilfsorganisation, Caritas.
8 **craquer** (fam.): zusammenbrechen; hier: schwach werden, nachgeben.
9 **mendier:** betteln.
11 **le mendiant / la mendiante:** Bettler(in).
15 **ext.:** *extérieur* (m.): Außenaufnahme.
16 **bifurquer:** (an einer Gabelung) abbiegen.
17 **rétrograder:** zurückstoßen.
17 f. **le claquement:** Krachen, Knirschen.

FRANÇOISE. Merde! Qu'est-ce que c'est? Qu'est-ce qu'il y a?

Elle n'arrive pas à passer sa vitesse. Tout doucement, elle sort de la route et s'arrête sur le bas-côté. Elle cale. Elle redémarre mais la voiture, restée en prise, fait des soubresauts. Elle a beau s'échiner sur la poignée d'embrayage, la vitesse est bloquée. Elle sort, regarde sa voiture, l'apostrophe violemment.

FRANÇOISE. Ah non pas ça!! Tu me fais pas ça??!! C'est pas possible!! Je peux pas moi, je peux pas ... pas maintenant!! Faut que ça marche, faut que tu marches ...!! Merde! Pas la bagnole!!

3. GARAGE – INT. JOUR

Un garagiste fait face à Françoise. Elle est calme mais complètement absente.

GARAGISTE. Je vous fais déjà la courroie gratuite. Elle a quinze ans votre voiture, ça sert à rien de mettre du

3 **passer une vitesse:** einen Gang einlegen.
4 **le bas-côté:** Randstreifen.
5 **caler:** den Motor abwürgen.
redémarrer: den Motor wieder anlassen.
rester en prise: eingekuppelt bleiben.
6 **le soubresaut:** Ruck, Satz vorwärts.
avoir beau faire qc: etwas noch so sehr tun, sich noch so sehr anstrengen.
s'échiner sur qc: sich mit etwas sehr abmühen.
6f. **la poignée d'embrayage** (m.): ‚Kupplungs'-Hebel; Schalthebel.
8 **apostropher qc:** etwas anschreien, etwas beschimpfen.
12 **la bagnole** (fam.): Auto, ‚Karre'.
15 **absent, e:** hier: geistesabwesend.
16 **la courroie:** Keilriemen.

matériel neuf. La courroie, j'en ai une, je vous la fais pas payer. Mais pour le reste, la main d'œuvre tout ça, je peux pas plus. *(Silence.)* Alors qu'est-ce qu'on fait?

FRANÇOISE. …

GARAGISTE. Si vous voulez, vous me payez en deux fois. 1000 à la réparation et 700 à la fin du mois, enfin début de mois prochain.

FRANÇOISE *(elle réfléchit, secoue la tête dubitative)*. …

GARAGISTE. Eh! c'est pas ma faute à moi. On en est tous là. Moi aussi j'ai mes charges.

4. SAINT-LUBIN, ÉCOLE COMMUNALE – EXT. JOUR

Autre jour. Une petite ville, au cœur de la Bretagne.

C'est toujours l'été et la chaleur est pesante dans la bourgade silencieuse.

Une cour d'école, un dimanche. Des panneaux électoraux, des affichettes avec inscrits des numéros de bureau de vote. Population clairsemée et incongrue vue l'endroit.

1 **le matériel:** hier: Ersatzteile.
2 **la main d'œuvre:** Arbeitskräfte; hier: Arbeitszeit.
8 **secouer:** schütteln.
dubitatif, ve: zweifelnd, unsicher.
10 **les charges** (f.): Kosten, Unkosten.
14 **pesant, e:** drückend.
15 **la bourgade:** Kleinstadt.
16f. **le panneau électoral:** Wahlplakat.
17 **une affichette:** Anschlag.
17f. **le bureau de vote:** Wahllokal.
18 **clairsemé, e:** spärlich.
incongru, e: merkwürdig, unpassend.
vu, e le/la …: angesichts des/der …

Une jeune fille de 16 ou 17 ans, Sandra, la fille aînée de Françoise, attend sur un banc mâchouillant un chewing-gum. Elle regarde passer les électeurs, venus en famille ou seuls. Des vieux que l'on aide à marcher, sortis accomplir leur acte républicain. Plus loin une toute petite fille d'à peine quatre ans joue. Il fait beau.

Préau de l'école. Françoise est derrière un homme. Elle a préparé sa carte d'électeur. On lui prend sa carte, la lit, la lui rend, accompagnée d'une petite enveloppe. À la suite de l'homme, elle prend un bulletin sur chaque pile … Elle va vers un isoloir. Y entre.

Dans la cour, la jeune fille s'est levée et rejoint sa mère.

SANDRA. Fait chaud! On va à la mer?

FRANÇOISE. Sandra, c'est quarante balles d'essence!! Pas tous les dimanches.

SANDRA. Qui t'as voté?

FRANÇOISE. «Pour qui …» Parle bien. *(Silence.)* Je suis fatiguée, on rentre?

SANDRA. Jennifer!! Viens, on va à la maison!

Sandra est allée chercher la petite fille. La mère et ses deux enfants marchent le long des panneaux électoraux vers la vieille voiture.

2 **mâchouiller** (fam.): kauen.
5 **un acte républicain:** Bürgerpflicht.
7 **le préau:** Pausenhof.
8 **la carte d'électeur:** Wählerausweis.
10 **le bulletin:** Wahlzettel.
la pile: Stapel.
11 **un isoloir:** Wahlkabine.
12 **rejoindre qn:** sich wieder zu jdm. gesellen.
14 **quarante balles** (fam.) 40 Francs. (Zur Umrechnung der im Text angegebenen Beträge FF/€: mit dem Faktor 0,15 multipliziert ergeben die FF-Beträge annäherungsweise den jeweiligen €-Betrag; hier also z.B.: 6 €).

5. MÊME JOUR, CITÉ HLM, LE BAC À SABLE – EXT. JOUR

Au centre des grands immeubles de la cité HLM de Saint-Lubin, il y a un bac à sable dans lequel jouent bruyamment les enfants. Les mères sont assises sur des bancs, tout autour.
Le dimanche se poursuit, monotone et lourd.
Françoise, la mine fermée, l'humeur apparement mauvaise, surveille la petite Jennifer qui fait du tobogan.

UNE PREMIÈRE FEMME. La dernière fois que je suis allée à la pêche avec lui, j'ai chopé un coup de soleil qui m'a brûlé pendant quinze jours! Merci bien! Que lui pêche les poissons, moi je les cuisine!

UNE SECONDE FEMME. C'est un boulot d'hommes, ça, la pêche! *(À Françoise.)* T'as déjà vu une femme pêcher, toi? Moi jamais!

FRANÇOISE. Moi, ça me connaît!! Fais-moi confiance … J'arrête pas d'y aller à la pêche!!

LA SECONDE FEMME. Qu'est-ce t'as à faire la tête en-

1 **la cité HLM:** Siedlung mit Sozialwohnungen (*un/une HLM: Habitation à loyer modéré:* Sozialwohnung).
la bac à sable: Sandkasten.
5 **bruyamment** (adv.): geräuschvoll.
8 **la mine fermée:** mit verschlossener Miene.
une humeur: Laune.
apparemment (adv.): offensichtlich.
9 **le tobogan:** Rutsche.
11 **choper** (fam.) **un coup de soleil:** sich einen Sonnenbrand holen.
13 **cuisiner qc:** etwas zubereiten.
14 **le boulot** (fam.): Arbeit, Job.
17 **ça me connaît** (fam.): das kenne ich, das ist mir bekannt.
19 **faire la tête** (fam.): ein saures Gesicht machen.

core aujourd'hui, toi? C'est dimanche, tu pourrais pas un peu te détendre, non? Si t'avais un mari, ça t'occuperait ...

FRANÇOISE. De mari, j'en ai plus et je m'en porte pas plus mal! Plus personne pour m'engueuler ou me flanquer des coups! Je suis bien comme je suis. Seule. Et je suis pas obligée de manger du poisson.

PREMIÈRE FEMME *(après un silence)*. T'es allée voter?

SECONDE FEMME. Non. Serge y est allé très tôt ce matin. Pour ce que ça change!

FRANÇOISE. Pourquoi que ça changerait pas? Évidemment si vous restez toute la journée à attendre vos maris, ça risque pas de changer! Faut bouger quand il y a des problèmes! Si on balance nos députés pour en mettre d'autres, ben oui, ça peut changer!

PREMIÈRE FEMME. T'as voté communiste, toi!

Les femmes rient.

SECONDE FEMME. Parce que tu crois que les autres seront mieux!

FRANÇOISE. Non, j'y crois plus. Mais si on les fait valser, crois-moi qu'ils vont bouger. Fous leur les cho-

2 **se détendre:** sich entspannen.
4f. **et je m'en porte pas plus mal:** und deswegen geht es mir auch nicht schlechter.
5 **engueuler qn** (fam.): jdn. anmaulen, anschreien.
6 **flanquer des coups à qn** (fam.): jdn. verprügeln.
10 **pour ce que ça change** (fam.): etwa: das ändert sowieso nichts.
13 **bouger:** sich rühren; hier: etwas unternehmen.
14 **balancer qn** (fam.): jdn. abwählen, stürzen.
15 **ben** (fam.): *bien.*
21f. **faire valser qn** (fam.): jdn. auswechseln.
22f. **foutre les chocottes à qn** (fam.): jdm. Angst machen.

cottes! Tu verras qu'ils se rappelleront à nous … «Leur foutre les chocottes», il nous reste au moins ça, non!?

Six mois plus tard. Hiver.

6. BANLIEUE DE RENNES, UNE GRANDE SURFACE – INT. SOIR

Dans un bureau, sur une table, un tas de marchandises: il ne s'agit que de viande dans des barquettes sous vide. Il y en a une grosse quantité.
Dans un grand manteau, Françoise est là, face à la table, l'air prostré, en état de choc. Elle ne dit mot, bouche bée et lèvres tremblantes.
À ses côtés, se tient un vigile du magasin qui attend.

LE VIGILE *(un peu dépassé par la situation)*. Des pâtes, je laissais filer … Si vous aviez volé des pâtes, j'aurais pas appelé la police, mais là …!

FRANÇOISE. Où on va aller?

Deux policiers en tenue entrent alors.

5 f. **la grande surface:** Großmarkt, großer Einkaufsmarkt.
7 f. **la marchandise:** Ware.
8 f. **la barquette sous vide** (m.): Vakuumverpackung.
11 **prostré, e:** niedergeschlagen.
11 f. **bouche bée:** bass erstaunt.
12 **la lèvre:** Lippe.
tremblant, e: zitternd.
13 **le vigile:** Wachmann.
14 **dépassé, e:** überfordert.
les pâtes (f.): Teigwaren.
15 **filer** (fam.): durchrutschen, entkommen.
18 **en tenue** (f.): in Uniform.

UN POLICIER. Salut, Francis! *(Voyant la marchandise sur la table.)* Ben dites-donc, vous y êtes pas allée de main morte! ... Allez, suivez-nous.
FRANÇOISE *(toujours hagarde)*. Où on va aller?

7. DEVANT L'ENTRÉE DE LA GRANDE SURFACE – EXT. SOIR

Le ciel est bas, noir. La nuit enveloppe un quartier excentré, sans habitat, tristement désert.
Des sapins géants, des Pères Noël souriants illuminent les façades du grand magasin. Les deux policiers encadrent Françoise.

FRANÇOISE. On en a pour longtemps ...? *(elle jette des regards vers le parking)* Parce que ... *(elle s'arrête)* ... j'ai ma petite fille qui m'attend là-bas.
UN POLICIER *(étonné)*. Votre petite fille? Où ça?
FRANÇOISE. Avec les autres.
LE POLICIER. Les autres ... Quels autres??
FRANÇOISE. Les autres marchandises.
Dans le parking, à l'arrière de la voiture, la petite Jennifer est littéralement noyée dans des tas de mar-

2f. **ne pas y aller de main morte** (fam.): nicht zimperlich vorgehen; hier: kräftig zugreifen.
7f. **excentré, e:** außerhalb liegend.
8 **un habitat:** Wohnsiedlung.
désert, e: verlassen.
9 **le sapin:** Tanne; hier: Weihnachtsbaum.
géant, e: gigantisch.
10f. **encadrer:** hier: in die Mitte nehmen.
20 **littéralement** (adv.): buchstäblich.
noyer qn: jdn. ertränken; hier (fig.): jdn. überschütten.

chandises: viandes, jambons, saucisses, charcuteries etc. …

Les deux policiers, ébahis, ont la tête collée à la vitre.

UN POLICIER. D'où ça vient tout ça?!

FRANÇOISE. De chez Rocade et Intermarché … J'ai volé là aussi.

8. PEU APRÈS, COMMISSARIAT DE POLICE – INT. SOIR

Assise sur une chaise avec Jennifer sur ses genoux, Françoise regarde, l'air toujours étrangement égaré, les kilos de nourriture étalée sur le bureau de l'inspecteur de police.

Deux hommes sont en train de remettre la marchandise dans des sacs.

UN HOMME. Rocade … c'est vous, ça. *(Il lui passe un rosbeef.)* Intermarché … *(Il met des saucisses dans son sac.)*

L'AUTRE HOMME. Ces poulets sont à vous …

Le jeu se poursuit ainsi entre les deux représentants des grandes surfaces.

1 **le jambon:** Schinken.
la saucisse: Würstchen.
la charcuterie: Wurstwaren.
3 **ébahi, e:** verblüfft.
coller: kleben; hier: pressen, festdrücken (an).
5 **Rocade/Intermarché:** französische Supermarkt-Ketten.
10 **égaré, e:** verstört, verwirrt.
11 **étaler qc:** etwas ausbreiten, auslegen, zur Schau stellen.
19 **se poursuivre:** weitergehen.
le représentant: Vertreter.

FRANÇOISE. Je comprends pas … J'ai … j'ai perdu la tête … Je sais pas ce qui m'a pris … *(Les larmes lui montent aux yeux, la voix est étranglée.)* C'est moi qui ai piqué tout ça?!

UN HOMME. C'est pas moi! … Et rien que chez nous, y en a pour plus de cinq cent balles!!

L'AUTRE HOMME. Jamais vous auriez pu bouffer tout ça! Votre mari, c'est un ogre ou quoi?

Les deux hommes rient. La porte s'ouvre, entre l'inspecteur de police.

L'INSPECTEUR DE POLICE. Bien! Y a que Rocade qui dépose plainte! Vous vous en tirez pas trop mal. Avec une seule partie civile, ça ne devrait pas aller très loin!

Les deux hommes se regardent. Ce ne sont que des vigiles. En matière de plainte, ce sont les directions qui décident. C'est sans commentaire.

FRANÇOISE. Ça veut dire quoi?

L'INSPECTEUR. Ça veut dire que monsieur Rocade est pas content contre vous et qu'il va se plaindre devant le tribunal! *(Les hommes sourient.)* Arrêtez de faire l'idiote, madame Barnier! Vous avez volé pour plus de mille cinq cents francs de nourriture quand même! *(Aux hommes.)* Vous avez tout récupéré? Au revoir messieurs!

2 **ce qui m'a pris** (fam.): etwa: was mich überkommen hat.
3 **étranglé, e:** erstickt.
4 **piquer qc** (fam.): stehlen.
7 **bouffer** (fam.): essen.
8 **un ogre:** Vielfraß, Ungeheuer.
11 f. **déposer plainte** (f.; jur.): Anzeige erstatten.
13 **la partie civile** (jur.): Nebenkläger.
24 f. **récupérer qc:** etwas sicherstellen, etwas wieder an sich nehmen.

LES DEUX HOMMES. Au revoir, inspecteur! Et bonnes fêtes!

L'INSPECTEUR. À vous aussi.

Ils sortent avec leur sac. L'inspecteur s'assied à son bureau, soupire … Il tend une feuille à Françoise.

L'INSPECTEUR. Signez là.

Françoise signe.

FRANÇOISE. J'irai en prison?

L'INSPECTEUR. C'est pas moi qui décide, madame.

Il prend son téléphone. Françoise s'inquiète.

FRANÇOISE. Vous appelez qui?

L'INSPECTEUR. Le substitut de permanence …

Elle ne sait pas ce que c'est un substitut, elle semble maintenant indifférente.

L'INSPECTEUR. Allô? Oui, bonsoir, c'est l'inspecteur Bousset de l'antenne de la Chênaie … J'ai ici une prévenue qui a volé dans trois supermarchés des denrées alimentaires … Elle a reconnu les faits et a restitué les marchandises … Mère de famille, habitant Saint-Lubin … Non, aucun antécédent, on la connaît pas … Qu'une seule partie civile, Rocade pour 470,35 francs, les deux autres n'ont pas porté plainte … Oui, dans la même journée les trois vols … En tout, pour une somme de plus de 1500 francs … Oui, je vous en prie.

5 **soupirer:** seufzen.
12 **le substitut de permanence:** der Dienst habende Staatsanwalt.
14 **indifférent, e:** gleichgültig.
16 **une antenne:** hier: Polizeistützpunkt.
17 **le prévenu / la prévenue** (jur.): Beschuldigte(r).
18 **la denrée alimentaire:** Nahrungsmittel.
19 **restituer qc:** etwas zurückgeben.
20 **un antécédent:** Vorgeschichte; hier: Vorstrafe.

Temps d'attente.

L'INSPECTEUR. Je comprends pas.

FRANÇOISE. Quoi?

L'INSPECTEUR. Il regarde dans son agenda …

FRANÇOISE. Pourquoi?

L'INSPECTEUR. Pour vous convoquer au Tribunal, je suppose … C'est chargé en ce moment.

FRANÇOISE. Je vais passer au tribunal?

L'INSPECTEUR. J'en sais rien, c'est lui qui décide.

FRANÇOISE. Mais au tribunal, qu'est-ce qui va se passer?

L'INSPECTEUR … *(silence, il évite son regard, secoue la tête)*. Qu'est-ce qu'il fout avec son agenda?

FRANÇOISE. Je peux aller en prison?

L'INSPECTEUR. Mais non, calmez-vous! … Oui, monsieur le substitut? … Le 5? Vous la convoquez pour le 5 … *(L'inspecteur marque son étonnement.)* Très bien, Bonsoir. *(Il raccroche.)* Vous êtes convoquée au tribunal le 5 février, à 14 heures. Ils doivent pas avoir grand chose à foutre au Tribunal! *(Jennifer joue avec des papiers.)* Laisse ça, ma puce. *(Il lui prend les feuilles.)* Désolé. Soyez-y surtout. Au cas où vous ne vous présenteriez pas, vous ne feriez

4 **un agenda:** Terminkalender.
6 **convoquer qn:** jdn. vorladen.
7 **chargé, e:** hier: übervoll, alle Termine belegt.
8 **passer au tribunal:** vor Gericht gestellt werden.
12 **éviter qc:** einer Sache ausweichen.
13 **foutre** (pop.): machen.
18 **raccrocher:** (Telefonhörer) auflegen.
21 **la puce:** Floh; hier (fig.): Kleine.
22 **désolé, e:** tut mir Leid.
23 **se présenter:** erscheinen.

qu'aggraver votre situation. Ils n'aiment pas ça, les juges, qu'un prévenu ne vienne pas les voir.

FRANÇOISE. Ce sera où?

L'INSPECTEUR. Ici, à Rennes. Au Tribunal de Grande Instance. Vous aurez un avocat commis d'office qui vous expliquera tout. Arrivez un peu avant.

FRANÇOISE. Et maintenant, je vais où?

L'INSPECTEUR. Vous êtes libre.

FRANÇOISE. Je peux rentrer chez moi alors?

L'INSPECTEUR. Vous pouvez. Vous recevrez notre convocation. Présentez-vous surtout.

FRANÇOISE. Oui. *(Elle prend l'enfant dans ses bras.)* Viens, Jennifer, en rentre à la maison. Bonsoir, monsieur.

L'INSPECTEUR. Bonsoir.

9. QUARTIER SUBURBAIN – EXT. SOIR

Françoise et son enfant sortent de l'antenne de police située non loin de la grande surface. La jeune femme et son enfant traversent le parking où traînent encore des caddies. Ils parviennent à la voiture. Elle l'ouvre et place la petite fille à l'arrière.

1 **aggraver qc:** etwas verschlimmern.
4f. **le Tribunal de Grande Instance:** Zivilgericht.
5 **commettre qn d'office:** jdn. von Amts wegen beauftragen; hier: jdn. als Pflichtverteidiger benennen.
16 **suburbain, e:** Vorstadt…
19 **traîner:** herumstehen.
20 **le caddie:** Einkaufswagen.
parvenir: ankommen.

FRANÇOISE. Je vais appeler ta sœur, elle doit s'inquiéter …

Françoise sort un porte-monnaie de sa veste, fouille parmi les pièces …

FRANÇOISE. Bouge pas, je reviens.

Elle se dirige d'un pas pressé vers une cabine téléphonique … Elle entre, fait un numéro sans quitter des yeux sa voiture …

FRANÇOISE. Sandra? C'est moi … Je sais, je sais … C'est la voiture, elle a encore eu des ennuis de moteur … Non, un type m'a filé un coup de main … Ça a été long, oui … Déjà 9 heures? Bon, calme-toi, on arrive, tout va bien … Tu t'es fait à manger? … Il y a des pâtes dans le buffet … Ben oui! N'en rajoute pas, je t'en prie! … À tout de suite!

Elle raccroche et retourne à sa voiture. L'enfant pleurniche.

FRANÇOISE. Ça va, ma chérie, ça va … On rentre manger, tu dois avoir faim.

Un temps. Françoise vient de mettre la clé de contact. Son regard est loin, fixe, comme si soudain le temps s'était arrêté. Elle ne bouge pas durant quelques secondes, puis le moteur se met à ronfler et la voiture quitte le parking.

3 **fouiller:** wühlen, suchen.
10 **un ennui:** Ärger, Problem.
11 **filer un coup de main à qn** (fam.): jdm. helfen.
15 **en rajouter** (fam.): übertreiben.
18 **pleurnicher:** heulen.
21 **un temps:** hier: etwas Zeit vergeht.
21 f. **la clé de contact:** Zündschlüssel.
24 **ronfler:** brummen.

10. VOITURE ET VILLE DE SAINT-LUBIN – INT. EXT.

Nous découvrons la petite ville de Saint-Lubin. Absente, le regard angoissé, Françoise conduit lentement sa voiture dans la petite ville aux magasins fermés. Les rues sont peu animées. Elle passe sous des guirlandes lumineuses. «BONNE ANNÉE» brille de toutes ses lettres au-dessus d'elle.

11. LE QUARTIER HLM – EXT.

La voiture parvient dans la cité HLM. Elle se gare près du bac à sable. Françoise ouvre la portière-arrière, prend son enfant dans les bras.

FRANÇOISE. Qu'est-ce tu as dans la main?
Elle découvre un stylo entre les doigts de Jennifer.
FRANÇOISE. T'as pris ça où? Chez l'inspecteur? Merde!
Elle pénètre rapidement dans son immeuble.

4 **angoissé, e:** verängstigt.
7 **animé, e:** belebt.
12 **se garer:** parken.
14 **la portière-arrière:** hintere Autotür.

12. UNE FERME INDUSTRIELLE AGRO-ALIMENTAIRE – EXT.

Le lieu est situé en pleine campagne bretonne, à quelques kilomètres de Saint-Lubin. Il n'est pas imposant: il ne s'agit pas d'une usine à proprement parler, mais d'une grande ferme qui «traite» la viande des cochons: dans une grande salle au plafond bas, une dizaine d'employés, des femmes surtout, découpent de la viande, la vérifie, la sélectionne, etc. …
L'endroit est forcément ensanglanté et assez rebutant. Françoise ne touche jamais à la viande. Femme de «service», elle est chargée de dégager le sol des déchets de viande et de les évacuer dans de grandes poubelles … Vêtue d'un long tablier poisseux, de lourdes bottes aux pieds et la tête prise dans un foulard, elle passe, le dos courbé, le long des étals où travaillent les employés.

1f. **une industrie agro-alimentaire:** Nahrungsmittelindustrie.
3 **le lieu:** Ort, Stätte, Platz.
5 **à proprement parler:** im eigentlichen Sinn.
6 **traiter:** verarbeiten.
le cochon: Schwein.
10 **forcément** (adv.): zwangsläufig.
ensanglanté, e: blutverschmiert.
rebutant, e: abstoßend, ekelhaft.
11f. **la femme de service:** Putzfrau.
12 **dégager:** freimachen, säubern.
le déchet: Abfall.
13 **évacuer qc:** hier: etwas wegschaffen.
14 **le tablier:** Schürze.
poisseux, se: verschmiert, schmutzig.
la botte: Stiefel.
16 **courbé, e:** gebeugt.
un étal: Fleischerbank.

Quelquefois, nous la surprenons à regarder fixement le couteau trancher la viande … La pièce de nourriture qui passe dans d'autres mains …

Un homme entre dans la salle, le patron de la ferme. Ses vêtements, son allure nous indiquent qu'il met lui aussi la «main à la pâte».

LE PATRON. Françoise! C'est un quel jour, le 5 février?

FRANÇOISE. Un mercredi.

LE PATRON. C'est le jour des livraisons, ça m'emmerde ça! Tu peux pas conduire ta gamine un autre jour?

FRANÇOISE. C'est que … le pédiatre m'a donné rendez-vous ce jour-là … à 14 heures.

LE PATRON. Y peut pas la vacciner à 15 heures?

FRANÇOISE. Non, y peut pas.

LE PATRON. Parce que tu ferais ton temps ici et après tu irais la faire vacciner!

FRANÇOISE. Bien sûr, mais y peut pas.

LE PATRON. Et ta Sandra, elle peut pas s'en occuper?

FRANÇOISE. Elle est à Rennes à cette heure-là, pour son cours de coiffure.

UNE EMPLOYÉE. Si tu veux, ma sœur peut remplacer Françoise le 5 février!

2 **trancher qc:** etwas (zer)schneiden.
5 **une allure:** Aussehen.
5 f. **mettre la main à la pâte** (fam.): etwa: auch mitarbeiten, auch mit anpacken.
9 **la livraison:** Lieferung.
emmerder qn (fam.): jdm. ungelegen sein.
10 **la gamine** (fam.): Mädchen, Tochter.
11 **le pédiatre:** Kinderarzt.
13 **y** (fam./dial.): *il.*
vacciner qn: jdn. impfen.

LE PATRON. Elle pourrait venir?
L'EMPLOYÉE. Oui. Pour elle, c'est toujours ça!
LE PATRON. Il faudra lui montrer le boulot …
L'EMPLOYÉE. Ramasser les saloperies, c'est pas compliqué! *(On entend des rires.)*
LE PATRON *(à Françoise)*. Bon, ben d'accord alors, prends ton 5 février!
FRANÇOISE. Merci.
LE PATRON *(allant vers la porte)*. Et dis à ton pédiatre que t'es pas à son service!
Il sort.
FRANÇOISE *(à l'employée)*. Merci, Odile.
L'EMPLOYÉE. Elle va bien au moins, ta gamine?
FRANÇOISE. Oui, oui, c'est simplement un rappel de vaccin.

13. ROUTE – EXT. JOUR

Toujours pensive et anxieuse, Françoise conduit lentement sa voiture sur une route, en direction de Saint-Lubin.

De hauts placards publicitaires projettent des «BONNE ANNÉE *97!*»

Sa main prend un paquet de cigarettes sur la lunette-avant de la voiture: il est vide. Elle le froisse et le jette.

4 **ramasser qc:** etwas auflesen.
la saloperie (fam.): Abfall.
14 f. **le rappel de vaccin:** Wiederauffrischungsimpfung.
20 **le placard publicitaire:** Werbeplakat.
22 f. **sur la lunette-avant:** etwa: hinter der Windschutzscheibe.
23 **froisser qc:** etwas zerknittern.

La voiture arrive dans les quartiers excentrés de Saint-Lubin. Françoise regarde un magasin Supérette. Elle s'arrête devant son entrée. Un temps.

Puis Françoise descend de sa voiture.

14. MAGASIN SUPÉRETTE – INT. JOUR

Poussant un caddie vide, Françoise longe avec lenteur les rayons réfrigérés contenant viande et charcuterie. Elle regarde les aliments let leur prix sans s'arrêter. La main de Françoise ouvre son porte-monnaie: ses doigts sortent quelques pièces de dix francs.
Françoise parvient aux rayonnages pâtes et conserves. Sa main sans hésitation prend un paquet de pâtes. Elle dépose le paquet dans son caddie. Une boîte de douze œufs vient le rejoindre. Françoise va vers la caisse.

Le caissier fait passer les deux marchandises: 27 francs.

Trois pièces de 10 francs tombent dans la main du caissier. Trois pièces de 1 franc tombent dans la main de Françoise.

LE CAISSIER. Merci, madame.

6 **longer qc:** an etwas entlanggehen.
7 **le rayon réfrigéré:** Tiefkühlregal.
11 **le rayonnage:** Regale, Abteilung.
12 **une hésitation:** Zögern.

15. PEU APRÈS, VOITURE, POSTE À ESSENCE – EXT. JOUR

La main de Françoise avec un stylo et un carnet de chèques. Elle additionne les sommes inscrites sur les talons.

FRANÇOISE. … 14 et 7 … 21 … 34 … 36 … 422!
Elle range chéquier et stylo, puis baisse la vitre de sa voiture.

FRANÇOISE *(au pompiste)*. Quatre-vingt francs d'ordinaire, s'il vous plaît!

16. PEU APRÈS, JOUR CRÈCHE – EXT.

La voiture de Françoise est garée devant une crèche. Des mamans sortent avec leur bambin. Parmi elles, Françoise et la petite Jennifer.
Elles vont vite vers la voiture. Françoise ne dit mot à personne.

1 **le poste à essence:** Tankstelle.
3f. **le carnet de chèques:** Scheckbuch.
4 **additionner qc:** etwas addieren.
5 **le talon:** Kontrollabschnitt.
7 **ranger qc:** wegräumen, wegstecken.
le chéquier: Scheckheft.
baisser la vitre: das Fenster herunterkurbeln.
9 **le pompiste:** Tankwart.
9f. **l'ordinaire** (m.): Normalbenzin.
11 **la crèche:** Kinderkrippe.
13 **le bambin:** Kleine(r), Kind.

17. PEU APRÈS, HALL DU HLM DE FRANÇOISE – INT. JOUR.

Françoise entre avec son enfant dans le hall de son HLM.

Elle s'arrête avec anxiété devant les boîtes aux lettres. Elle sort des clés de son sac. L'enfant est à ses pieds. Elle ouvre sa boîte aux lettres: une lettre. La main de Françoise la saisit. L'en-tête sur l'enveloppe du Tribunal de Grande Instance de Rennes.

Nerveusement, Françoise déchire l'enveloppe. La fillette lui tire la jupe. Elle extrait la lettre: c'est sa convocation au Tribunal pour le 5 février, à 14 heures.

4 **une anxiété:** Angst, Besorgnis; hier: besorgte Miene.
7 **saisir qc:** etwas packen.
un en-tête: Briefkopf.
9 **déchirer:** zerreißen, aufreißen.
9f. **la fillette:** kleines Mädchen.

18. APPARTEMENT DE FRANÇOISE – INT. NUIT

Sandra débarrasse la table de la salle à manger: elle prend un plat contenant des restes de pâtes et va le ranger dans le frigidaire.

Françoise, assise à un coin de table, est penchée sur un tas de paperasses, factures, justificatifs etc. ... qu'elle examine avec beaucoup de sérieux. Avec un crayon, elle inscrit parfois des chiffres sur le cahier Clairefontaine que nous avons déjà vu en ouverture de film, chez l'assistante sociale.

FRANÇOISE. Passe-moi ton ticket de car!
SANDRA. Quel ticket de car?
FRANÇOISE. Tu as pas un ticket du car?
SANDRA. Je garde pas mes tickets de car, maman!
FRANÇOISE. Regarde dans tes poches, cherche! Je dois marquer tous mes frais. Tous! Aide-moi un peu bon sang!
De mauvaise humeur, la jeune fille passe dans une autre pièce.
Françoise se replonge dans ses papiers. On l'entend murmurer des sommes.

2 **débarrasser la table:** den Tisch abräumen.
4 **le frigidaire:** Kühlschrank.
5 **penché, e:** gebeugt.
6 **la paperasse:** Papierkram.
la facture: Rechnung.
le justificatif: Beleg.
16 **les frais** (m., pl.): Kosten.
16f. **bon sang!** (fam.): zum Kuckuck!
20 **se replonger dans qc:** sich wieder in etwas vertiefen.
21 **murmurer:** murmeln.

SANDRA. J'en ai trouvé un, mais dans un sale état! Il a dû passer au lavage …

Elle donne à sa mère un bout de papier tout froissé …

FRANÇOISE. Saint-Lubin Rennes … 67 francs … On arrive à lire quand même … 134 francs, aller-retour … Jennifer s'est endormie?

SANDRA. Oui. Bon, je vais au lit, man …

FRANÇOISE *(toujours dans ses papiers)*. 400 francs le mois dernier … Tu te rends compte? 400 balles de nourrice! Tu veux pas rester!

SANDRA. Arrête! T'as pas cambriolé une banque quand même! Je suis sûre que tu en rajoutes! C'est pas possible que …

FRANÇOISE. Je les connais pas. Je sais pas de quoi ils sont capables.

Sombre, Sandra disparaît dans sa chambre et sa mère continue d'organiser ses factures et dépenses … On l'entend se questionner: «200 francs d'électricité? Tant que ça!?!« …

Plus tard, même endroit.

À la lumière d'une seule lampe posée sur la table, Françoise est en train de mettre un trombone à des feuilles rassemblées.

Elle a fini.

Elle soupire. Elle s'essuie le front. Elle regarde son ombre sur le mur.

11 **la nourrice:** Tagesmutter.
12 **cambrioler qc:** etwas ausrauben.
16 **capable:** fähig.
17 **sombre:** düster, trübsinnig.
23 **le trombone:** Büroklammer.
26 **essuyer:** abwischen.

Soudain, elle prend une feuille et se met à écrire. «Sandra, au cas où je serais mise en prison demain, voilà ce que je te demande de faire ...»

19. CHAMBRE DE FRANÇOISE, PLUS TARD – INT. NUIT

Il y a un sac plein et bouclé au pied du lit de Françoise. Elle ne dort pas.
Allongée sur son lit, encore habillée, Françoise, absorbée dans ses pensées, fume une cigarette.

20. LE PALAIS DE JUSTICE DE RENNES – INT. JOUR

Les grandes salles du Palais de Justice. Gens qui vont, qui viennent.
Lieu paisible, solennel.
Nous allons vers le Tribunal de Grande Instance.
Dans une salle adjacente du Tribunal, froide, impersonnelle et nue, il y a une table et deux chaises qui se font face. Toute seule, Françoise, assise, attend. À ses pieds, son sac.
La jeune femme semble avoir perdu de son anxiété, du

6 **boucler qc:** etwas verschließen.
8f. **absorbé, e dans ses pensées** (f.): in Gedanken verloren.
14 **paisible:** friedlich.
solennel, le: feierlich.
16 **adjacent, e:** benachbart, nebenan gelegen.

moins en apparence. Il y a dans son regard comme une étrange détermination. Françoise ne bouge pas sur sa chaise. Elle voit passer des policiers. Des hommes. Des femmes. Des robes noires d'avocat. Visage fermé, la jeune femme découvre «un monde».

Un jeune homme arrive en courant, une serviette à la main.

Vêtu simplement, sans grand apprêt, il dégage une allure simple, «populaire».

LE JEUNE HOMME. Madame Barnier?

FRANÇOISE. Oui.

LE JEUNE HOMME. Philippe Martinet, votre avocat commis d'office. Excusez-moi, je suis un peu en retard ... Quelle heure il est? Moins vingt déjà? Bon, nous avons un petit quart d'heure pour mettre tout ça au point ...*(Il ouvre sa serviette.)* Je suis chargé d'assurer votre défense ... Vous n'avez pas d'avocat et l'État vous en procure un d'office ... C'est un service que vous rend l'État.

FRANÇOISE. Merci.

L'AVOCAT. Vous avez donc été appréhendée alors que vous veniez de soustraire de la marchandise alimentaire dans trois grandes surfaces ... Rocade,

1 **en apparence** (f.): dem Anschein nach.
2 **la détermination:** Entschlossenheit.
8 **sans grand apprêt:** natürlich, ungekünstelt (*un apprêt:* Aufmachung).
dégager qc: etwas ausstrahlen.
16 **être chargé, e:** beauftragt sein.
18 **procurer qn:** jdn. bestellen, einsetzen.
21 **appréhender qn:** jdn. fassen, verhaften.
22 **soustraire qc:** etwas stehlen.

ATAC et Intermarché … Casier judiciaire vierge … Pourquoi vous avez fait ça?

Françoise est un peu désemparée par la rapidité routinière du jeune magistrat.

FRANÇOISE. Pourquoi?

L'AVOCAT *(très amical)*. Qu'est-ce qui vous a pris de voler tout ça? Il y a des raisons particulières ou c'est comme ça … un coup de tête? Rassurez-vous, tout ça n'est pas bien grave, on s'en tirera sans problème. Vous êtes divorcée et mère de deux enfants … Sans emploi?

FRANÇOISE. Non, je travaille comme femme de service à la ferme Poitrenaud.

L'AVOCAT. La ferme Poitrenaud? À Saint-Lubin?

FRANÇOISE. Oui.

L'AVOCAT. Je connais Saint-Lubin, mon oncle avait un bout de maison pas loin de Renazé, j'y allais en vacances quand mes parents avaient fini les foins …

Françoise est sur la défensive. Avec sa toge d'avocat, il ne semble pourtant pas venir de ce coin-là. Elle fouille et sort de son sac un autre sac en plastique.

FRANÇOISE. J'ai porté ça.

Elle extrait une enveloppe qu'elle tend à l'avocat.

1 **le casier judiciaire:** Vorstrafenregister.
vierge: jungfräulich; hier: ohne Eintragung.
3 **désemparé, e:** hilflos, ratlos.
8 **le coup de tête:** plötzliche Anwandlung.
9 **se tirer de qc:** sich aus der Klemme ziehen.
10 **divorcé, e:** geschieden.
17 **le bout de maison:** Teil eines Hauses (Doppelhaushälfte, Reihenhaus).
18 **les foins:** Heuernte (*le foin:* Heu).
19 **la toge:** Robe.
23 **extraire qc:** etwas herausziehen.
tendre qc à qn: jdm. etwas hinstrecken.

L'AVOCAT *(surpris)*. Qu'est-ce que c'est?

FRANÇOISE. Mes feuilles de salaire, mes avis de paiement ASSEDIC, mes attestations des Allocations familiales, mes factures … mes frais … Et tous mes relevés bancaires. Je tiens mes comptes dans ce cahier.

L'AVOCAT *(les examinant, un peu effaré)*. Tiens, comme ma tante. C'est bien … ce sera utile … enfin peut-être pas tout …

FRANÇOISE *(ouvrant son cahier Clairefontaine)*. Si ça peut vous aider … J'ai fait un tableau récapitulatif …

L'AVOCAT. Ah oui, je veux bien … Vous percevez 1700 francs par mois … une allocation ASSEDIC de 1651 francs … Pourquoi vous travaillez? Vous toucheriez plus des ASSEDIC si vous êtiez au chômage.

FRANÇOISE. Ça, je veux pas. Je veux pas être au chômage. On m'a appris qu'il fallait travailler pour gagner de l'argent.

L'AVOCAT. À moi aussi … *(il blague pour détendre un peu l'atmosphère)* c'est sans doute vrai! …

2 **la feuille de salaire:** Lohnzettel.
2f. **un avis de paiement:** Zahlungsmitteilung.
3 **ASSEDIC:** *Association pour l'emploi dans l'industrie et le commerce.*
une attestation: Bescheinigung.
3f. **une allocation familiale:** etwa: Erziehungsgeld (*une allocation:* Beihilfe, Zuschuss).
5 **le relevé bancaire:** Kontoauszug.
7 **effaré, e:** verwirrt, verstört.
11f. **le tableau récapitulatif:** zusammenfassende Übersicht.
13 **percevoir:** erhalten, beziehen.
15 **toucher:** erhalten, beziehen.
20 **blaguer:** scherzen.
détendre: entspannen, lockern.

2034 francs d'assurance automobile … 420 francs de loyer … Votre mari vous verse quelque chose?

FRANÇOISE. Non. Il a jamais vu l'enfant.

L'AVOCAT. Bien.

FRANÇOISE *(se rappelant la question)*. Il y a en ce moment tellement de promotions. Les magasins sont bourrés.

L'avocat l'écoute tête baissée, le nez dans les factures et documents administratifs, il trie à tout vitesse … écartant la plupart des documents.

L'AVOCAT *(toujours dans les papiers)*. Les fêtes, c'est normal. Bon, on va y aller.

FRANÇOISE *(de plus en plus anxieuse)*. Mes enfants en ont marre de manger que des pâtes et des œufs. Je ne sais pas toujours leur expliquer … J'ai voulu leur donner de la viande … Les enfants et les questions, c'est pas facile.

L'AVOCAT. Je comprends. Dites-le, ça, au Tribunal, c'est important. C'est une Présidente aujourd'hui, Marie-Noëlle Davray. Elle est bien. Puis c'est une femme, elle comprendra mieux, je crois. On va plaider l'état de nécessité … Ça passera très bien.

FRANÇOISE. Qu'est-ce que c'est?

2 **verser:** bezahlen, überweisen.
6 **la promotion:** Sonderangebot.
7 **bourré, e:** (über)voll.
9 **trier:** sortieren.
10 **écarter qc:** beiseite legen.
13f. **en avoir marre de qc** (fam.): etwas satt haben.
22 **plaider qc:** auf etwas plädieren.
un état de nécessité: Armut, Bedürftigkeit.
passer: hier: durchgehen, ankommen.

L'AVOCAT. Un peu comme une légitime défense. Vos faibles revenus justifient votre acte. *(Il lui tend une liasse de papiers.)* Ça, je n'en aurai pas besoin. Bien, vous venez?

Françoise remet tous les papiers dans l'enveloppe. Ils se lèvent. Françoise prend son sac.

L'AVOCAT. Pourquoi ce sac?

FRANÇOISE. Au cas où.

L'AVOCAT. Où vous iriez en prison? *(Il sourit.)* Ne craignez rien, madame Barnier, on ne va pas en prison aujourd'hui pour un simple vol à l'étalage!

Ils entrent dans la salle du Tribunal.

21. LA SALLE DU TRIBUNAL – INT. JOUR

Peu de monde. Une vingtaine de personnes.

L'organisation traditionnelle d'un Tribunal: les bancs, la barre, les box … Il est à remarquer cependant qu'il n'y a ce jour-là que des femmes siègeant: une présidente, d'un certain âge, expérimentée, une greffière et «une» procureur.

Françoise, fortement impressionnée, ne veut visible-

1 **la légitime défense:** Notwehr.
2 **les revenus:** m. pl.: Einkünfte.
3 **la liasse:** Bündel, Stoß.
11 **un étalage:** Regal, Verkaufsstand.
16 **la barre:** Schranke.
le box: (Anklage-)Bank.
17 **siéger:** tagen, Sitzung halten.
18 **expérimenté, e:** erfahren.
le greffier / la greffière: Protokollant(in).
19 **le procureur:** Staatsanwalt.

ment rien faire passer de son émotion. L'avocat et elle s'assoient sur un coin de banc parmi le public. Françoise, son sac entre les chevilles, l'enveloppe au bout des doigts, regarde les magistrats. L'avocat commis d'office lui parle à l'oreille.

L'AVOCAT *(bas)*. On va vous appeler. En face, c'est la Présidente … Elle est seule aujourd'hui … En général, elle a deux assesseurs … Quand vous lui parlerez, vous direz toujours «Madame la présidente» … Là, la greffière … Elle note ce qui se dit … Le procureur aujourd'hui est remplacé par une auditrice … Cette jeune fille, là … Je ne la connais pas … C'est une stagiaire assermentée.

Sur un banc voisin, un jeune homme prend des notes sur un carnet. Françoise le regarde.

L'AVOCAT. C'est Maynal, un journaliste.

FRANÇOISE. Le magasin est où?

L'AVOCAT. Quel magasin?

FRANÇOISE. Où j'ai volé.

L'AVOCAT. Rocade? Il n'a pas de représentant. Ce sera juste une lettre de constitution de Partie Civile, pas plus, la routine … Vous ne devriez même pas être ici.

FRANÇOISE *(inquiète soudain)*. Comment ça?? … pas être là …

3 **la cheville:** Knöchel.
11 f. **une auditrice:** Gasthörerin; hier: Praktikantin.
13 **la stagiaire:** Praktikantin.
assermenté, e: vereidigt.
15 **le carnet:** Notizheft.
21 **la lettre de constitution de Partie Civile** (jur.): Dokument, mit dem eine Nebenklage in das Verfahren eingeführt wird.

L'AVOCAT. Une conciliation judiciaire aurait pu suffire … *(expliquant le terme technique)* … sans passer par le tribunal, je veux dire …

FRANÇOISE *(de plus en plus inquiète)*. Mais alors, c'est plus grave! …

L'AVOCAT *(souriant)*. Mais non. Ne vous inquiétez pas, tout ira bien. Dites la vérité et tout ira bien.

Silence entre eux. L'avocat parcourt des dossiers.

On assiste ici à la fin d'une audience d'un jeune Yougoslave en situation irrégulière: il est régulièrement conduit à la frontière mais rentre tout aussi régulièrement sur le territoire français où il commet des vols de parc-mètres.

La procureur stagiaire demande de la prison ferme. Françoise suit attentivement les propos des magistrats. La présidente clôt l'audience. Le jeune Yougoslave est conduit à l'extérieur par deux policiers.

Un temps. Des gens entrent et sortent dans la salle. La présidente ouvre un nouveau dossier.

LA PRÉSIDENTE. Affaire Barnier Françoise!

L'AVOCAT. C'est à nous!

Ils se lèvent. Françoise prend son sac.

L'AVOCAT. Laissez-le ici, ça risque rien.

Françoise ne préfère pas, elle et son avocat se dirigent vers la barre, face à la présidente.

1 **la conciliation judiciaire** (jur.): Schlichtung, Sühneversuch.
suffire: genügen.
8 **parcourir:** durchsehen, oberflächlich durchlesen.
10 **en situation irrégulière:** illegal eingewandert, ohne Papiere.
13 **le parc-mètre:** Parkuhr.
15 **les propos** (m.): Ausführungen.
le magistrat: Verwaltungsbeamter; hier: Richter oder Staatsanwalt.
16 **clôt:** 3. Pers. Sing. von *clore*: schließen.

22. PLUS TARD, MÊME LIEU – INT. JOUR

Françoise est assise, droite, entre ses chevilles son sac, entre ses mains son enveloppe, elle écoute son avocat.

L'AVOCAT. … Madame Barnier a choisi de travailler!! Et elle a eu la chance de trouver un emploi de femme de service à la ferme industrielle Poitrenaud, proche de Saint-Lubin: 2 heures et demie par jour pour un salaire net de l'ordre de 1700 francs par mois. Madame Barnier aurait pu, comme il est fréquent, se contenter de percevoir une allocation chômage à taux plein, ce qui lui aurait épargné d'avoir des frais d'essence et d'entretien pour son véhicule afin de se rendre à son travail. En faisant ce choix, louable, ses ressources ne sont que de: salaire 1700 francs, ASSEDIC 1651 francs, allocations familiales 1127 francs, soit 4478 francs!! … alors que son loyer est de 420,18 francs (APL déduite), le coût de son électricité mensuelle de 200 francs, celui de l'assurance de son véhicule de 2034 francs par an. Que reste-t-il pour vivre, manger, se vê-

8 **proche de:** in der Nähe von.
9 **net, nette:** netto.
12 **à taux plein:** in vollem Umfang, ungekürzt (*le taux:* Prozentsatz, Quote).
12f. **épargner qc à qn:** jdm. etwas ersparen.
15 **louable:** lobenswert, ehrenwert.
les ressources (f.): hier: Geldmittel.
18 **APL:** *Aide personnalisée au logement:* Wohngeld.
déduire qc: etwas abziehen.
19 **mensuel, le:** monatlich.
21 **se vêtir:** sich kleiden.

tir …? À peine 3000 francs. Enfin, il est à noter que madame Barnier, âgée de 36 ans, a deux enfants à charge qu'elle élève seule puisque son ex compagnon ne participe pas du tout à l'entretien ou l'éducation de ses filles! On relève dans l'ordonnance du 14 janvier 1997 du Juge aux Affaires Familiales que le père *(il tend la feuille à la présidente)* n'a même pas manifesté le désir d'obtenir un droit de visite.

Françoise est gênée par l'utilisation que vient de faire son avocat de l'ordonnance. Mais n'ose pas intervenir … C'est lui qui sait.

L'AVOCAT. Notons enfin que des trois grandes surfaces lésées, une seule s'est portée partie civile: les établissements Rocade. De la part de cet établissement, on ne s'en étonnera pas!

La présidente ne peut s'empêcher de sourire à l'attaque des magasins Rocade. Quant à la jeune «stagiaire», elle se sent obligée d'intervenir pour défendre la partie civile.

LA SUBSTITUT STAGIAIRE. Je vous rappelle, Maître, que le montant global du vol s'élève à plus de 1500 francs … et est accompagné d'une double récidive …

2f. **avoir deux enfants à charge:** für den Unterhalt zweier Kinder aufkommen müssen.
5 **relever:** entnehmen.
5f. **une ordonnance:** Anordnung.
6f. **le/la juge aux affaires familiales:** Familienrichter(in).
8 **manifester le désir:** die Absicht bekunden.
11f. **intervenir:** eingreifen.
14 **lésé, e** (jur.): geschädigt.
se porter partie civile (jur.): als Nebenkläger auftreten.
23 **la récidive:** Rückfall.

L'AVOCAT. Oui, mais deux grandes surfaces n'ont pas jugé bon de poursuivre! *(Puis changeant de ton.)* Franchement, nous le savons tous, cette affaire n'aurait jamais dû se présenter devant ce tribunal, la partie civile constituée portant sur un délit de moins de 500 francs! Aussi, je m'autorise à évoquer auprès de vous la jurisprudence de l'état de nécessité. Cette jurisprudence s'applique dans le cas de madame Barnier mieux que dans tout autre, car elle remplit les trois conditions de son application: absence d'antécédent, besoin impérieux de nourrir des enfants et volonté d'échapper honnêtement à une situation difficile.

– ENCHAÎNÉ –

LA SUBSTITUT STAGIAIRE. ... Certes nous devons tenir compte de l'absence d'antécédent et ne voyons pas l'utilité de l'humiliation qu'une incarcération en maison d'arrêt ferait subir à madame Barnier ... Mais le vol est un acte grave. Aussi, par souci de vé-

3 **franchement** (adv.): offen gesagt.
6 **aussi:** hier (vorangestellt, auch mit Inversion): deshalb, folglich.
s'autoriser: sich gestatten.
évoquer qc: etwas zur Sprache bringen.
8 **la jurisprudence:** Rechtsprechung.
11 **une absence d'antécédent:** der Umstand, dass keine Vorstrafe vorliegt.
impérieux, se: zwingend.
14 **un enchaîné:** Überblendung.
17 **une humiliation:** Demütigung, Erniedrigung.
une incarcération: Freiheitsstrafe.
18 **la maison d'arrêt** (m.): Haftanstalt.
19f. **par souci de vérité:** der Wahrheit zuliebe.

rité, pour que Madame Barnier ne soit pas tentée de la dissimuler aux yeux de la société et de son entourage, afin d'instruire sans volonté d'humilier mais dans le souci de la plus grande efficacité et conformément aux dispositions de l'article 390-1 du Code Pénal, je requiers donc pour madame Barnier Françoise, 2 mois de suspension de permis de conduire.

La substitut se rassied. La juge semble un peu étonnée par la requête mais se tait. Le visage de Françoise a pâli.

FRANÇOISE *(déboussolée, à son avocat).* Comment je vais faire pour aller travailler à la ferme?

L'AVOCAT. Justement! …

La phrase se termine dans une mimique qui laisse sous-entendre que tout cela n'est pas très sérieux.

LA PRÉSIDENTE. Madame Barnier, comment expliquez-vous votre geste?

Françoise est étonnée par cette question, l'avocat en quelques minutes a expliqué mieux que personne sa situation, que peut-elle dire de plus … elle regarde son avocat.

2 **dissimuler qc:** verbergen, verstecken.
2f. **un entourage:** Umgebung.
3 **instruire:** ermitteln.
4f. **conformément aux dispositions …:** entsprechend den Regelungen …
6 **requérir qc** (jur.): fordern, beantragen.
7 **la suspension de permis de conduire:** vorübergehendes Fahrverbot, zeitlich begrenzter Entzug der Fahrerlaubnis.
8 **se rasseoir:** sich wieder setzen.
9 **la requête:** Forderung; hier: Strafantrag.
10 **pâlir:** bleich werden.
11 **déboussolé, e:** verstört.

L'AVOCAT *(bas)*. Dites bien «madame la présidente» …

FRANÇOISE. Mais … madame la présidente … c'est-à-dire, monsieur l'avocat a tout dit.

LA PRÉSIDENTE. Que tenez-vous dans les mains?

FRANÇOISE. Des papiers, des tickets, des … tout ce que je paye, tout ce que je dois … j'ai tout apporté, au cas où …

LA PRÉSIDENTE. Vous n'aviez jamais volé, madame Barnier.

FRANÇOISE. Non, jamais, madame la présidente. Je sais pas ce qui m'a pris …

LA PRÉSIDENTE. Justement, qu'est-ce qui vous a pris?

FRANÇOISE *(un temps, elle cherche)*. J'etais entrée acheter des bananes … avant de rentrer à Saint-Lubin, je m'étais arrêtée avec Jennifer pour faire quelques courses, acheter juste quelques bananes … C'étaient les fêtes, il y avait des pancartes, des affiches … Partout ils faisaient des promotions à des prix incroyables! … sur la viande, le poisson … C'est vrai aujourd'hui je me dis pourquoi j'ai pas payé, pourquoi j'ai volé? … Je sais pas, juste avant je n'y pensais pas …

FRANÇOISE *(suite)*. Je tenais par la main Jennifer … Si j'avais voulu voler, j'aurais pas amené Jennifer. Vous savez, madame la présidente, j'écoute la radio, je lis les journaux, je sais que je nourris mal mes enfants. Je suis pas une obsédée des lipides, protéines et tout ça, mais je sais quand même

17 **la pancarte:** Werbeplakat.
24 **amener qn:** jdn. mitbringen.
27 **obsédé, e:** besessen.
le lipide: Fett.

qu'une fillette de l'âge de Jennifer a besoin de 1400 à 1800 calories par jour et qu'il en faut plus de 2900 pour sa sœur aînée! Tenez … *(elle sort de son enveloppe une feuille où est tracé un tableau d'équilibre alimentaire)* … j'ai découpé ça dans un *Prima*! Regardez, il faut à ma petite fille 35 à 40 grammes de protides par jour, 33 de lipides, 200 de glucides, 8 de fer …

LA PRÉSIDENTE. Merci, madame, merci! Je lirai ça.

FRANÇOISE. Je sais bien que mes filles n'atteignent pas ces chiffres en mangeant que des pâtes!! Qu'est-ce que j'y peux? Même Jennifer, à cet l'âge-là, on aime bien les pâtes, mais tous les jours!! Pâtes, mousseline, œufs, pâtes, mousseline … même elle, elle en peut plus. C'est la guerre pour finir les assiettes. Et puis là, toutes ces marchandises qu'on peut jamais acheter, toute cette viande, cette charcuterie … Habituellement je regarde pas. Je connais mes rayons. Mais là j'ai craqué. Qu'est-ce que je pouvais faire? Je voulais que mes filles soient contentes, que ce soit au moins une fois la fête à table. Le vigile d'ATAC m'a dit «Des pâtes, on aurait laissé filer, mais de la viande, non, c'est grave!» Mais je pourrais pas voler des pâtes!!! Les pâtes, je les ai toujours payées, je ne paye même que ça! … Vous savez, madame la présidente, j'ai pas volé du parfum …

4 **tracer qc:** etwas aufzeichnen.
4 f. **un équilibre alimentaire:** ausgeglichene Ernährung.
10 **atteindre:** erreichen.
14 **la mousseline:** hier: Kartoffelpüree.
15 f. **finir l'assiette** (f.): seinen Teller leeressen.

– ENCHAÎNÉ –

Françoise a maintenant sorti tous ses papiers de l'enveloppe qu'elle étale, donne à la présidente … Des extraits de presse concernant l'alimentation, des tableaux caloriques coloriés, des photos d'enfants d'Afrique noire sous-alimentés, des articles sur la faim dans le monde … sont collés minutieusement sur des feuilles de cahier. Médusée, la présidente consulte attentivement le curieux dossier, tandis que parle Françoise.

FRANÇOISE. … Quant aux bons de nourriture, j'ai eu que deux bons de 100 francs parce que j'ai un salaire! Et des démarches, j'en ai fait, je sais plus combien de fois! En plus, vous avez vu, madame la présidente, que du 25 novembre au 29 décembre, oui, sur cette feuille-là, j'ai été en arrêt maladie, j'ai eu pendant ce temps que des indemnités journalières …

– ENCHAÎNÉ –

FRANÇOISE. … Parfaitement, madame la présidente, je tiens mes comptes sur ce cahier! Et regardez mes chéquiers, vous verrez que le 17 janvier, le jour où j'ai … enfin ce que j'ai fait … il me restait

5 **le tableau calorique:** Kalorienübersicht, Kalorientabelle.
6 **sous-alimenté, e:** unterernährt.
7 **coller qc:** etwas aufkleben.
8 **médusé, e:** erstarrt, sprachlos.
13 **faire des démarches** (f.): Schritte unternehmen.
16 **être en arrêt** (m.) **maladie:** krankgeschrieben sein.
17 **une indemnité:** Entschädigung; hier: Krankengeld.

200 francs pour finir le mois! Moi, je sais pas comment il faut faire dans ces cas-là! Je mendie pas, je demande rien, j'ai… j'ai un certain sens de l'honneur … Ce jour-là, le 17, tout était payé, le logement, les transports, l'ÉDF, la nourrice … tout. Je paye tout, je veux pas de dettes … Je l'ai dit au CCAS de Rennes!!

– ENCHAÎNÉ –

L'avocat écoute avec une certaine émotion. La greffière, elle, ne note plus depuis longtemps … et la substitut stagiaire observe Françoise avec un œil «technique», quasiment «médical» … La présidente est très attentive aux propos déterminés de Françoise et à tous ces documents apportés par elle … mais pour le moment son regard est posé sur le sac de Françoise qu'elle enserre entre ses chevilles …

FRANÇOISE. … L'autre fois, c'est la courroie qui a lâché, mais bientôt la boîte de vitesses y passera, j'en suis sûre! Alors dites-moi comment j'irai à mon travail si j'ai plus de voiture! … Vous avez les factures du garagiste sous celles de l'EDF … Ça, c'est le ticket de car de Sandra. Bien sûr j'aurais pu prendre une HLM à Rennes mais j'ai pas pu. La

5 **EDF:** *Électricité de France:* Stromversorgungsunternehmen; hier: Strom.
7 **CCAS:** Centre Communal d'Action Sociale (s. S. 9).
13 **déterminé, e:** entschlossen.
16 **enserrer qc:** etwas umschließen.
17 f. **lâcher** (fam.): hier: kaputtgehen.
18 **la boîte à vitesses:** Getriebe.
y passer (fam.): etwa: soweit sein.

caution était de 20000 francs alors qu'à Saint-Lubin elle est de 6000 …

– ENCHAÎNÉ –

Silence dans la salle. Françoise s'est tue. Complètement hébétée.

La présidente referme le cahier de Françoise.

LA PRÉSIDENTE *(à l'avocat de Françoise)*. Maître, je verse les pièces de madame Barnier au dossier.

L'AVOCAT. C'est-à-dire, madame la présidente, ce sont les originaux et …

LA PRÉSIDENTE. Je les garde le temps de la délibération. Demain, vous les aurez dans votre casier.

5 **hébété, e:** benommen.
8 **verser qc au dossier:** etwas zu den Akten legen.
11 f. **la délibération:** Beratung.
12 **le casier:** Postfach.

Faites-moi des photocopies et envoyez-les moi dans la semaine.

L'AVOCAT. Très bien.

LA PRÉSIDENTE. N'oubliez pas!

L'AVOCAT. Non, non.

LA PRÉSIDENTE. Affaire suivante: monsieur Nouredine Ben Assor.

L'avocat de Françoise l'entraîne vers la porte de sortie …

23. SUITE, HALL DU PALAIS DE JUSTICE – INT. JOUR

Françoise et son avocat sortent suivis de quelques personnes du public qui lancent des regards à Françoise. Parmi elles, le journaliste Maynal. Françoise s'inquiète que les gens n'attendent pas le jugement.

FRANÇOISE. Ils ont une idée du jugement? Pourquoi ils partent?

L'AVOCAT. Parce qu'il est tard. Vous avez été très bien … La juge va délibérer maintenant sur les quatre dernières affaires. Ça va prendre une petite heure. Je vous laisse. *(Une seconde de désarroi dans les yeux de Françoise.)* Encore une fois, vous ne risquez rien! Rien! Tout ça n'est que de la routine bête … Au revoir, et au moindre problème, n'hési-

8 **entraîner qn:** jdn. mitziehen.
13 **lancer un regard:** einen Blick werfen.
16 **le jugement:** Urteil.
22 **le désarroi:** Verwirrung, Verzweiflung.

tez pas à m'appeler au numéro que je vous ai donné*! (Il s'éloigne et, dans le sourire.)* Allons, madame Barnier, vous êtes adulte! Prenez un peu sur vous, vous en avez la force!!

Françoise le regarde partir, plantée seule au milieu du hall, son sac à la main. Elle est épuisée, vidée … Elle s'assied sur un banc adossé au mur. Ouvre son sac, en sort un mouchoir en tissu et d'une trousse de toilette fait apparaître une petite bouteille d'eau de Cologne Saint Michel. Elle humecte le mouchoir et se l'appuie sur le front … Elle semble hébétée par tout ce qu'elle vient de dire. À côte d'elle, son enveloppe, vide.

24. PLUS TARD, BUREAU DE LA JUGE – INT. NUIT

Les factures, justificatifs, extraits de presse etc. de Françoise sont étalés sur un petit bureau de la salle des délibérations. La présidente fume, réfléchit. Elle revient à la table, prend un des chéquiers de Françoise … Chaque talon est annoté d'une petite opération, d'une date, d'un intitulé et cela jusqu'au prochain chèque vierge … Des comptes au jour le jour, des sommes dérisoires …

6 **épuisé, e:** erschöpft.
7 **s'adosser:** sich anlehnen.
8 **le tissu:** Stoff, Textilgewebe.
8 f. **la trousse de toilette:** Kulturbeutel.
10 **humecter:** benetzen, befeuchten.
11 **appuyer qc sur qc:** etwas auf etwas pressen.
20 **un intitulé:** Bezeichnung.
21 **dérisoire:** lächerlich.

25. PLUS TARD, LA SALLE DU TRIBUNAL – INT. NUIT

La salle est déserte. Il fait nuit. Seule, dans un box, debout, les traits tirés, Françoise écoute dignement, son sac à ses pieds. Tout se passe très vite.

LA PRÉSIDENTE. Après en avoir délibéré conformément à la Loi, le Tribunal a statué en ces termes: sur l'action publique: attendu que Barnier Françoise est prévenue d'avoir à Rennes, le 17 janvier 1997, frauduleusement soustrait des denrées alimentaires au préjudice du magasin ATAC pour un montant de 516,50 francs, du magasin ROCADE pour un montant de 470,35 francs, et du magasin INTERMARCHÉ pour un montant de 598,05 francs, madame Françoise BARNIER a été arrêtée le 17 janvier 1997 par des services de sécurité du magasin ATAC de Rennes alors qu'elle passait les caisses de ce supermarché en dissimulant sur elle 16 produits de charcuterie.
Il ressort des pièces du dossier et de celles versées au débat les éléments suivants:

4 **avoir les traits tirés:** abgespannt aussehen (*les traits:* Gesichtszüge).
5 **dignement:** würdig, mit Haltung.
7 **délibérer:** beraten.
7 f. **conformément** (adv.): in Übereinstimmung mit.
8 **statuer:** eine Entscheidung fällen.
en ces termes: wie folgt (*le terme:* Ausdruck, Wort).
9 **attendu que …** (jur.): angesichts der Tatsache dass …; hier: typische Einleitungsformel einer Urteilsbegründung.
11 **frauduleusement** (adv.): in betrügerischer Weise.
21 **ressortir:** hervorgehen, deutlich werden.

placée dans cette situation psychologique d'avoir à bien faire pour ses enfants, tout en enfreignant la loi du vol, madame BARNIER a obéi à un état de nécessité qui lui a paru supérieur. En effet on apprend aux mères, si ce n'est un instinct naturel, qu'elles se doivent de bien nourrir leurs enfants afin de leur assurer un bon développement physique et mental. L'état de nécessité, concept jurisprudentiel, a été élaboré au début du vingtième siècle et concernait à l'époque le vol d'un pain. Il s'agit en l'espèce de viande, mais en raison de l'évolution et de l'éducation alimentaire actuelle, le motif est identique. Il y a donc lieu de constater que l'infraction de vol reprochée à madame BARNIER n'est pas constituée, celle-ci se trouvant lors des faits obéissant à un état de nécessité.

Sur l'action civile:

attendu que la Société Anonyme ROCADE se constitue régulièrement partie civile et demande au Tribunal la condamnation de madame BARNIER Françoise à lui payer la somme de 470,35 francs à titre de dommages et intérêts.

Par ces motifs, statuant publiquement, contradictoirement, et en premier ressort:

sur l'action publique: relaxe BARNIER Françoise des

2f. **enfreindre une loi:** gegen ein Gesetz verstoßen.

9 **élaborer qc:** etwas ausarbeiten.

13f. **une infraction:** Delikt.

21f. **à titre de dommages** (m.) **et intérêts** (m.; jur.): als Schadenersatz.

23f. **contradictoirement** (adv.): widersprüchlich; hier: im Gegensatz zur beantragten Entscheidung.

24 **en premier ressort** (jur.): in erster Instanz.

25 **relaxer qn** (jur.): jdn. freisprechen.

fins de la poursuite conformément aux dispositions de l'article 470 du code de procédure pénale.

LA PRÉSIDENTE *(suite)*. Sur l'action civile: déclare irrecevable la constitution de partie civile de la SA ROCADIS, conformément aux dispositions de l'article 423 du code de procédure pénale, la prévenue étant relaxée. Laisse les dépents à la charge de la partie civile.

Françoise n'a pas bougé. Elle ne semble pas comprendre. Un policier en tenue, qui attend sa réaction, finit par intervenir et entre dans le box.

LE POLICIER. Madame?

FRANÇOISE *(hébétée)*. Où on va?

LE POLICIER. Nulle part. *(Il l'entraîne vers la sortie.)* Vous êtes relaxée, vous pouvez rentrer chez vous.

FRANÇOISE. C'est quoi «relaxée»?

LE POLICIER. Ça veut dire que vous êtes libre. Ils vous ont pas reconnue coupable. Bonne nuit, madame.

1 **la fin de la poursuite** (jur.): hier etwa: Sinn der Anklage.
la disposition: Anordnung, Regelung.
2 **le code de procédure pénale** (jur.): Strafgesetzbuch.
3f. **irrecevable:** unzulässig.
7 **les dépents** (m.): hier: Verfahrenskosten.
14 **nulle part:** nirgends.

26. PEU APRÈS, VESTIAIRE DES MAGISTRATS – INT. NUIT

Dans une petite salle, la juge et la jeune substitut stagiaire ôtent leur vêtement de fonction. La nuit semble très avancée. Peu de bruits autour d'elles …

LA JEUNE SUBSTITUT. Peut-être que le substitut de permanence ce soir-là, a pensé qu'il fallait …

LA JUGE. Non! Ce soir-là, le substitut de permanence NE PENSAIT PAS! Sinon, il aurait fait le tri dans ce qui doit être poursuivi ou pas! Vous savez qui c'était?

LA JEUNE SUBSTITUT. Le substitut de permanence? Non, madame.

LA JUGE. Je ne vais pas me gêner pour lui passer un savon à celui-là!

LA JEUNE SUBSTITUT *(souriant)*. En tout cas, votre relaxe s'appuie sur de belles argumentations!

LA JUGE. Vous souriez … Qu'est-ce que vous vouliez que je fasse! On n'y arrive déjà pas avec les récidivistes si en plus les substituts nous envoient tous ceux qui «pètent les plombs», on n'a pas fini! C'est ingérable! La justice n'est pas une œuvre sociale,

1 **le vestiaire:** Garderobe.
4 **ôter qc:** etwas ablegen.
9 **faire le tri:** eine Auswahl treffen.
14f. **passer un savon à qn** (fam.): jdm. eine Rüge erteilen.
19f. **le récidiviste** (jur.): rückfälliger Straftäter.
21 **péter les plombs** (fam.): durchdrehen (*le plomb:* elektrische Sicherung).
22 **ingérable:** nicht zu bewältigen.
une œuvre sociale: soziale Einrichtung.

que je sache! Ce qui ne m'empêche pas de penser ce que j'ai dit! Je ne regrette pas d'avoir prononcé l'état de nécessité. *(Elles s'apprêtent à quitter la pièce.)* Vous m'avez un peu ulcéré avec votre retrait de deux mois de permis de conduire!

LA JEUNE SUBSTITUT. Vous auriez fait quoi à ma place?

LA JUGE. Je n'y serai jamais à votre place! Je vous dépose?

LA JEUNE SUBSTITUT *(acquiesçant)*. Merci, madame.

Elles éteignent et sortent.

27. COULOIR PALAIS ET PARKING – INT. EXT. NUIT

Seule, son sac à la main, Françoise regarde le dehors plongé dans le noir de la nuit que brisent en éclats lumineux les guirlandes électriques des fêtes.
Elle hésite, puis sort.
Françoise a rejoint sa voiture garée sur un parking. Elle sort les clés de son sac, ouvre la portière, s'installe, met le contact et s'éloigne lentement.

1 **que je sache:** soweit ich weiß.
3 **s'apprêter à faire qc:** sich bereitmachen, etwas zu tun.
4 **ulcérer qn:** jdn. kränken.
le retrait: Entzug.
7f. **déposer:** hier: (Mitfahrer) absetzen.
9 **acquiescer:** zustimmen.
10 **éteindre:** das Licht löschen.
13 **le dehors:** Außen(seite), Draußen.
14f. **un éclat lumineux:** heller Schein, Funkeln.

28. LA FERME INDUSTRIELLE – INT. JOUR

Comme de coûtume, les employés, devant leur chaîne, reçoivent les porcs qu'ils découpent. Une sonnerie retentit. La chaîne s'arrête.

Hommes et femmes quittent leur place et croisent Françoise qui entre, balai-brosse et seau à la main.

La jeune femme rassemble tous les déchets de viande au sol. Avec une pelle, elle les jette dans une grande poubelle.

Françoise – un bandeau hygiénique lui protégeant la moitié du visage – vide le contenu de la poubelle dans un incinérateur.

Françoise passe un jet d'eau sur le sol.

Françoise répand une fine sciure sur le carrelage humide.

2 **de coûtume** (f.): gewöhnlich.
la chaîne: Fließband.
3 **la sonnerie:** Läuten.
3f. **retentir:** schallen, zu hören sein.
5 **croiser qn:** jdm. über den Weg laufen.
6 **le balai-brosse:** Schrubber.
le seau: Eimer.
8 **la pelle:** Schaufel.
10 **le bandeau hygiénique:** Mundbinde, Gesichtsmaske.
12 **un incinérateur:** Verbrennungsanlage.
13 **le jet d'eau:** Wasserstrahl.
14 **la sciure:** Sägemehl.
le carrelage: Bodenfliesen.

29. SALLE DU TRIBUNAL – INT. JOUR

Dans le hall public du Tribunal de Rennes, une femme (plus tard on découvrira qu'elle est la secrétaire du juge Davray) affiche le rendu du jugement concernant Françoise Barnier.
Proches de ce tableau se tiennent différents casiers au nom des grands quotidiens locaux. La femme dépose également le jugement à l'intérieur de chacun d'entre eux.

30. DEVANT LA FERME INDUSTRIELLE – EXT. JOUR

Dans la campagne, non loin de la ferme industrielle où elle travaille, Françoise est au téléphone dans une cabine isolée.
Elle porte ses vêtements de travail. Dans une main, elle tient un journal local dont la première page étale le titre:

ELLE VOLE POUR NOURRIR SES ENFANTS:
LE TRIBUNAL DE RENNES LA RELAXE!

FRANÇOISE *(furieuse)*. Je vous dis qu'en plus je l'ai entendu à la télévision dans leur salle à manger, au journal régional de 12 heures!!

4 **afficher:** anheften, aushängen.
le rendu du jugement: Urteilsverkündung.

30 bis. MÊME MOMENT, HALL DU PALAIS DE JUSTICE – EXT. JOUR

L'avocat commis d'office de Françoise va et vient dans le hall du Tribunal, un téléphone portable à l'oreille.

L'AVOCAT. À la télévision? Ça m'étonne, vous êtes sûre?

– RETOUR À LA CABINE –

FRANÇOISE. Évidemment que j'en suis sûre! Mon patron va être au courant!! S'il apprend que c'est moi, il va me virer! Mais comment c'est possible que tout ça aille dans les journaux?!? Y a bien quelqu'un qui a balancé mon affaire, non? *(Pointant du doigt l'article du journal.)* Et ça veut dire quoi que le Tribunal fait appel? Je dois retourner au Tribunal?

– RETOUR AU PALAIS –

L'AVOCAT. Je viens de l'apprendre moi aussi, comme vous … Mais ne vous inquiétez pas, madame Barnier, après une relaxe, le parquet fait tourjours appel, c'est normal! … C'est vrai que là c'est rapide,

1 **30 bis:** 30 a.
4 **le téléphone portable:** Mobiltelefon, Handy.
9 **être au courant:** auf dem Laufenden sein; hier: alles erfahren.
10 **virer qn:** jdn. entlassen.
12 **balancer qc** (fam.): etwas publik machen.
pointer du doigt: mit dem Finger zeigen.
14 **faire appel** (m.): Berufung einlegen.
18 **le parquet:** Staatsanwaltschaft.

je ne comprends pas pourquoi! Quant au fait que la presse locale s'en fasse l'écho, le jugement est public, n'importe qui peut se le procurer!

– RETOUR À LA CABINE –

FRANÇOISE. … Je veux pas que mes filles soient mêlées à tout ça!! Je ne veux pas que dans la cité on montre du doigt les enfants de la voleuse!! Vous m'entendez, Maître?!

– RETOUR AU PALAIS –

L'AVOCAT. Rassurez-vous, madame Barnier, je ferai le maximum pour que vous soyez protégée et je …

– RETOUR À LA CABINE –

FRANÇOISE. Puis je ne suis pas coupable!! J'ai volé pour elles. J'ai volé parce que mes enfants avaient faim!!

– RETOUR AU PALAIS –

L'AVOCAT. Je sais tout ça, madame Barnier! Calmez-vous, on a du temps devant nous et nous allons

2 **se faire l'écho** (m.) **de qc:** ein Thema aufgreifen, etwas nachplappern, nachbeten.
3 **se procurer qc:** sich etwas besorgen.
5 **mêler qn à qc:** jdn. mit etwas in Zusammenhang bringen, in etwas hineinziehen.
17f. **se calmer:** sich beruhigen.

bien préparer votre dossier! Je viendrai vous voir pour cela! D'accord?

– RETOUR À LA CABINE –

FRANÇOISE. Dites bien aux journalistes … *(se penchant sur la page du journal)* … à ce Maynial surtout! … qu'ils n'essaient pas de me rencontrer et que mon nom ne soit cité nulle part! NULLE PART!!

– RETOUR AU PALAIS –

L'AVOCAT. Jusqu'alors la presse n'a pas mentionné votre nom, ni celui de vos enfants … Mais je vous jure que je serai très vigilant là-dessus, faites-moi confiance, madame Barnier! Quant à l'appel, ce n'est qu'une formalité, n'ayez pas peur, vous ne serez pas condamnée, j'en suis persuadé. Au revoir, madame Barnier, je viens vous voir en début de semaine!
Il coupe son téléphone et va d'un pas pressé vers une salle du Tribunal …

31. RENNES, VOITURE DE LA JUGE
– INT. EXT. JOUR

La juge Marie-Noëlle Davray circule dans les rues de Rennes: elle se rend au Tribunal.

4f. **se pencher sur qc:** sich über etwas beugen.
11 **vigilant, e:** wachsam.
11f. **faire confiance à qn:** jdm. vertrauen.
16 **couper:** hier: abschalten.

Détendue, elle écoute distraitement les informations du matin diffusées sur une radio nationale …
Tout à coup, une nouvelle lui coupe le souffle:

VOIX DU JOURNALISTE À LA RADIO. … Et puis cette affaire surprenante survenue à Rennes, révélée par un article du *Monde*! Une juge relaxe une mère de famille démunie qui avait volé de la viande pour nourrir ses enfants! Se référant à l'état de nécessité, vieille jurisprudence du XIXe siècle, la juge a prononcé comme il se doit la non-culpabilité! Mais on peut s'attendre à ce que ce jugement divise la justice. Certains s'inquiètent qu'il apporte une légitimité, sinon un droit, à l'incivisme alimentaire. Le parquet de Rennes – tatillon sur les textes quand il s'agit des plus défavorisés – ne l'entend pas de cette oreille et vient de faire appel car selon lui, «le droit n'a pas été dit en cette affaire!» Il y a de quoi s'étonner lorsque l'on sait que …
La juge est blême.
Elle gare sa voiture devant le Tribunal, en sort rapidement et entre à grands pas dans l'enceinte.

2 **diffuser:** senden.
3 **couper le souffle à qn:** jdm. den Atem rauben, jdn. sprachlos machen.
5 **survenir:** sich ereignen.
révéler: ans Licht bringen.
7 **démuni, e:** mittellos.
8 **se référer à qc:** sich auf etwas beziehen.
9 f. **prononcer la non-culpabilité** (jur.): auf Freispruch erkennen.
13 **un incivisme:** etwa: bürgerlicher Ungehorsam.
14 **tatillon, ne:** pedantisch, pingelig.
15 **défavorisé, e:** benachteiligt.
15 f. **ne pas l'entendre de cette oreille** (fig.): eine Sache anders sehen.
21 **une enceinte:** Gelände, abgeschlossener Bereich.

32. LE BUREAU DE LA JUGE – INT. JOUR

La secrétaire de la juge (déjà vue affichant le jugement) tape à la machine. La porte s'ouvre brutalement, entre Marie-Noëlle Davray.

LA JUGE *(vive)*. Vous avez écouté la radio?

LA SECRÉTAIRE. Bien sûr, madame, on ne parle que de ça au Tribunal!

LA JUGE. C'est incroyable!! Cette affaire est simple … insignifiante … et elle devient nationale!!? Maynal y est pour quelque chose, c'est sûr!
En plus, ils disent n'importe quoi! Vous avez écouté? De la façon dont ils relatent l'affaire, le vol à l'étalage semble être légalisé!! Qu'ils en parlent, après tout, ne me gêne pas, je n'ai pas honte de mon jugement, mais qu'ils le fassent sérieusement!

LA SECRÉTAIRE. La presse écrite fait pareil, vous avez vu?

La juge se penche sur des quotidiens étalés sur une table …

ELLE VOLAIT: RELAXÉE

LA FAIM NE JUSTIFIE PAS LES MOYENS.

NÉCESSITÉ FERA-T-ELLE LOI?

BRAVO LES JUGES! QUAND LA JUSTICE FAIT DU SOCIAL

12 **relater qc:** etwas wiedergeben.
14 **avoir honte** (f.): sich schämen.
16 **faire pareil:** dasselbe tun.
21 **la faim ne justifie pas les moyens:** Wortspiel, vgl. *la fin justifie les moyens:* der Zweck heiligt die Mittel.
22 **nécessité fait loi:** etwa: Not kennt kein Gebot.
23 **faire du social:** etwa: sich sozial gebärden.

LA JUGE. «Quand la justice fait du social!!» … C'est pas vrai!!?? Tout est présenté à l'envers. Ils politisent l'affaire! Mais c'est idiot! Qu'est-ce que c'est que ces ânes qui écrivent, bon sang??!!

LA SECRÉTAIRE. Je dois répondre quoi à France 3?

LA JUGE. Comment ça??

LA SECRÉTAIRE. Le directeur de l'antenne a téléphoné plusieurs fois pour vous interviewer au journal du soir … *(Le téléphone sonne.)* Ça n'arrête pas de sonner depuis une heure!!

LA JUGE. Et puis quoi encore! C'est hors de question … Ils savent bien qu'il y a appel, je ne peux plus rien dire …

LA SECRÉTAIRE. Ben oui, c'est eux-mêmes qui me parlent du devoir de réserve! Mais ils essayent quand même! Allo? *(À la juge.)* C'est France 2!!

33. SAINT-LUBIN, RUE DE LA CRÈCHE – EXT. JOUR

La voiture de Françoise se gare non loin de la crèche. Les mères et leurs bambins envahissent le trottoir. Cris d'enfants.

Françoise va pour sortir de sa voiture, puis se ravise: elle ne bouge pas.

2 **à l'envers:** verkehrt.
4 **un âne:** Esel.
7 **une antenne:** hier: Sender.
11 **être hors de question:** ausgeschlossen sein.
15 **la réserve:** hier: Zurückhaltung.
20 **envahir:** stürmen; hier: in Beschlag nehmen, füllen.
22 **se raviser:** sich anders besinnen.

– PLUS TARD –

Le trottoir est désert.
Une jeune fille apparaît, suivie d'un groupe d'enfants qui sortent jouer dans la cour.
Les voyant, Françoise sort précipitamment de sa voiture.

LA JEUNE FILLE *(à la petite Jennifer)*. Tiens, la voilà ta maman!

FRANÇOISE. Excusez-moi, j'ai été retenue à mon travail!

LA JEUNE FILLE. Ce n'est rien, madame! À demain, Jennifer!

Françoise prend sa fillette avec elle et rejoint sa voiture.

34. PEU APRÈS, HLM DE FRANÇOISE – EXT. JOUR

Françoise parvient à la cité HLM où elle demeure.
Soudain, elle donne un coup de frein violent: devant l'entrée de son immeuble se tient la voiture d'une chaîne de télévision nationale. Deux hommes attendent à l'intérieur.

5 **précipitamment** (adv.): in großer Eile, hastig.
17 **donner un coup de frein violent:** eine Vollbremsung machen.

35. ÉCRAN DE TÉLÉVISION – INT. JOUR

À la télévision, nous voyons une jeune femme, Françoise, un châle dissimulant son visage et sa tête. Elle est interviewée dans sa cuisine.

LE JOURNALISTE *(off)*. Un incident de parcours en quelque sorte?

FRANÇOISE *(sous son châle)*. Oui, un ras-le-bol! … un peu par révolte contre l'incompréhension des autres …

LE JOURNALISTE *(off)*. Vous ne demandez qu'une chose, un travail?

FRANÇOISE *(sous son châle)*. Ça oui! Un travail à plein temps. Un boulot de huit heures, ce serait le retour dans le monde des vivants! Ça me révolte d'aller quémander, qu'on me traite d'assistée … *(geste de la tête vers la caméra)* … comme vous le faites à la télé!

LE JOURNALISTE *(off)*. D'où ce châle …?

FRANÇOISE *(sous son châle)*. C'est pas le vol que je cache!! … C'est sûr, je peux pas m'en sortir sans aides, alors oui, je suis une «assistée» … mais … *(un temps)* C'est bien qu'on parle de mon histoire après tout: ça incitera pas les autres à aller voler, je crois

3 **le châle:** Umschlagetuch.
dissimuler: verbergen, verhüllen.
5 **être off:** im Off sein.
un incident de parcours (fig.): Panne, Missgeschick.
7 **le ras-le-bol** (fam.): Verdrossenheit, Verdruss.
8 **une incompréhension:** Mangel an Einfühlungsvermögen, Unverständnis.
15 **quémander:** betteln, bitten.
traiter qn de …: jdn. als … behandeln/akzeptieren.
une assistée: Sozialhilfeempfängerin.

pas, mais ça va remuer les hommes politiques ... Ils font mine de pas voir ce qui a changé! ... Et pourtant toute cette misère, il y en a bien qui l'ont vue venir! ... QUI SAVAIENT!! ... Tous leurs experts, tous leurs spécialistes ... ils savaient et ils n'ont rien fait ...!!

LE JOURNALISTE *(off)*. Vous leur en voulez?

FRANÇOISE *(sous son châle)*. Oui, parce que cette misère-là, je l'ai pas apprise. Petite, on était pas riche mais c'était pas humiliant d'être pauvre!

LE JOURNALISTE *(off)*. Vous êtes politisée? Vous appartenez à une association?

FRANÇOISE *(sous son châle)*. Non.

LE JOURNALISTE *(off)*. Le parquet a fait appel, comment appréhendez-vous ce second procès?

FRANÇOISE *(sous son châle)*. J'ai peur.

LE JOURNALISTE *(off)*. De quoi?

FRANÇOISE *(sous son châle)*. Qu'ils m'enlèvent l'état de nécessité!

36. UNE CAVE – INT. NUIT

Le faisceau d'une lampe électrique balaie de vieilles valises et malles.
Les mains de Sandra ouvrent une valise.

1 **remuer:** umwühlen, aufrütteln.
7 **en vouloir à qn de qc:** jdm. etwas übel nehmen.
15 **appréhender qc:** etwas fürchten.
20 **la cave:** Keller.
21 **le faisceau:** Lichtkegel.
balayer: fegen; hier: Licht werfen (auf).
22 **la malle:** großer Koffer.

FRANÇOISE. Y a rien dans celle-là, c'est des revues! Ouvre celle-là pour voir ... Ma grand-mère m'avait refilé ses trucs ...

La malle s'ouvre et découvre un tas de vieux vêtements. Les mains fouillent.

Sandra sort un chapeau en paille.

SANDRA *(riant)*. Essaye-le!

FRANÇOISE. Arrête! J'ai pas envie de rigoler! Tiens la lampe.

Sandra prend la lampe électrique et éclaire les mains de sa mère qui retournent nerveusement le vieux linge dans la malle.

Bientôt, Françoise en extrait un chapeau noir à voilette noire.

FRANÇOISE. Tiens, ça c'est pas mal!

SANDRA. C'est un chapeau de veuve!

FRANÇOISE. Exactement ce qu'il me faut. *(Elle le met.)* Ça me va?

SANDRA. Oui, mais c'est triste.

FRANÇOISE. Comme moi! Viens, on remonte, je voudrais pas que Jennifer se réveille et qu'elle nous voie pas!

Le chapeau de veuve dans la main, Françoise referme la porte de la cave derrière elles.

3 **refiler qc à qn:** jdm. etwas zukommen lassen.
6 **le chapeau:** Hut.
la paille: Stroh.
12 **le linge:** Wäsche.
13 **extraire qc:** etwas hervorziehen.
14 **la voilette:** kleiner Schleier.
16 **la veuve:** Witwe.

37. LA CAMPAGNE AUX ENVIRONS DE SAINT-LUBIN – EXT. JOUR

Le ciel est bas. Il fait froid et la campagne, plate et monotone, étale ici et là des plaques de neige fondante.

Côte à côte, Françoise et son avocat marchent nonchalamment sur une petite route communale, le long d'une rivière …

L'AVOCAT. Je me baignais ici quand j'étais tout gosse!

FRANÇOISE. Sans blague …? Il y a pourtant longtemps que l'eau est sale comme ça! Tout Saint-Lubin déverse dedans!

4 **la plaque:** Fleck, Platte.
fondre: schmelzen.
5f. **nonchalamment** (adv.): lässig.
9 **sans blague** (f.): im Ernst.
10f. **déverser qc:** (Abwasser) einleiten.

L'AVOCAT. Non!?

FRANÇOISE. Je vous assure! Vous devez confondre avec la Lure … le petit ruisseau, là-bas!

L'AVOCAT. Ah, peut-être.

– PLUS LOIN –

L'AVOCAT. Il vous faut être un petit peu plus souple, c'est tout!

FRANÇOISE. Souple!? Ça veut dire quoi?

L'AVOCAT *(la voix est douce, il ne veut pas blesser).* Moins à cheval sur les principes, si vous voulez! Vous avez du mal à boucler les fins de mois? Eh bien, ne payez pas à terme votre loyer!

FRANÇOISE *(abasourdie).* Quoi?! Je comprends pas … vous me dites …

L'AVOCAT. … d'être moins honnête, madame Barnier, je sais. Allez savoir pourquoi, mais émettre un chèque sans provision n'est quasiment pas condamné! Et avant de vous mettre à la rue parce que vos loyers ne sont pas payés, il s'écoulera pas mal d'eau sous les ponts, croyez-moi!

FRANÇOISE. Vous me demandez d'être malhonnête!?! … C'est ça?

2 **confondre qc:** etwas verwechseln.
3 **le ruisseau:** Bach.
6 **souple:** flexibel, anpassungsfähig.
10 **à cheval sur les principes** (fig.): prinzipientreu.
11 **boucler la fin du mois** (fam.): mit dem Geld über die Runden kommen.
13 **abasourdir:** verdutzen, verblüffen.
16 **émettre:** ausstellen.
17 **un chèque sans provision:** ungedeckter Scheck.
quasiment (adv.): gewissermaßen.

L'AVOCAT. Pas vraiment! … mais comment dire? … d'être un peu à la marge! Des milliers de gens, chaque jour, émettent des chèques sans provision ou ne payent pas leur loyer et la justice ne les convoque pas pour autant devant le Tribunal dans les jours qui suivent! C'est … c'est toléré! Enfin, disons que c'est tenable! Et puis ça vous fait gagner du temps.

FRANÇOISE. Pour en faire quoi!? … *(Perdue dans ses pensées.)* J'aurais payé toute la nourriture que j'ai volée aux trois supermarchés avec un chèque en bois et je me serais pas retrouvée dans le box du Tribunal …?

L'AVOCAT *(riant)*. Certainement pas! … La main, madame Barnier. Vous n'auriez jamais dû voler avec la main.

FRANÇOISE. Je comprends pas. Un chèque en bois, c'est hypocrite. Pour moi, c'est pire. Comment croire qu'on ne vole pas en faisant ça! … À moins d'être idiot. Jamais, Maître, jamais je pourrais faire ce que vous me dites!! J'ai toujours …

L'AVOCAT. Je sais, je sais, vous vous tuez pour être «en ordre» et votre cahier est à jour! C'est tout à votre honneur, madame Barnier, mais une femme comme vous ne devrait pas être contrainte de voler de quoi manger! Comprenez-moi, il ne s'agit pas de se mettre hors la Loi, mais simplement d'éviter de la

2 **être à la marge** (fig.): etwa: sich durchmogeln.
6f. **c'est tenable:** das kann man gelten lassen.
10f. **un chèque en bois** (fam.): *un chèque sans provision.*
17 **hypocrite:** heuchlerisch; hier: unehrlich.
24 **être contraint, e:** gezwungen sein.
26 **hors la loi:** außerhalb des Gesetzes.

prendre trop de front. La Loi est plus forte que vous. Prenez-la un peu de côté, c'est tout. Mais n'en parlons plus, ce qui est fait est fait!

Ils marchent en silence. Françoise, soucieuse, est visiblement «remuée» par les propos du jeune avocat. Il s'en rend compte et prend alors un ton plus amène, plus «souriant».

L'AVOCAT. Vous me faites parfois penser à ma mère! Elle n'a jamais voulu faire d'emprunt à la banque pour acheter sa maisonnette. Elle trouvait ça déshonorant. J'avais beau lui dire qu'emprunter au-

1 **prendre qc de front** (fig.): etwas direkt angehen; hier: offen übertreten.
4 **soucieux, se:** sorgenvoll.
5 **remué, e:** aufgewühlt.
6 **amène:** freundlich, mild.
9 **un emprunt:** Kredit.
10f. **déshonorant, e:** unehrenhaft.

près d'une banque était tout ce qu'il y a de plus légal, de plus «normal», elle n'a jamais voulu. Elle est morte locataire, dignement.

Temps. Françoise le regarde, elle est silencieuse, ses traits ne laissent rien passer de ses pensées, juste un peu de tristesse.

FRANÇOISE. Je ne suis pas faite pour aujourd'hui, c'est ce que vous êtes en train de me dire … Pas faite pour aujourd'hui! … J'ai plus qu'à attendre de crever.

L'AVOCAT. Voyons, je n'ai jamais dit ça … Au contraire, je crois que votre geste a demandé beaucoup de courage mais que vous le payez un peu cher, c'est tout.

Ils marchent …

L'AVOCAT. Et ce pont, il existe depuis longtemps?

FRANÇOISE. Je sais pas, je l'ai toujours connu.

L'AVOCAT. Je reconnais plus rien.

38. HALL D'ENTRÉE DU HLM DE FRANÇOISE – INT. JOUR

Françoise ouvre sa boîte aux lettres. Sa petite fille sur un bras. Pas de courrier, beaucoup de prospectus et, parmi eux, un tract qui la fait pâlir. Françoise dépose au sol Jennifer, et, le souffle coupé, lit:

3 **le/la locataire:** Mieter(in).
9 **crever** (fam.): krepieren.
10 **voyons:** etwa: hören Sie mal!
21 **le courrier:** Post.
22 **le tract:** Flugblatt.

À QUI LA FAUTE?? UNE FRANÇAISE DOIT VOLER POUR NOURRIR SES ENFANTS!!

LE … APPORTE TOUT SON SOUTIEN À CETTE COURAGEUSE MÈRE DE FAMILLE DE SAINT-LUBIN QUI, POUR ÉLEVER SES ENFANTS, A COMMIS UN ACTE COUPABLE … etc.

Françoise reste là, ébahie, sans réaction.

39. RENNES, PERMANENCE D'UN PARTI POLITIQUE – EXT. INT. JOUR

Françoise sort de sa voiture, garée en face de la permanence. Petit immeuble banal. Elle entre.

Il y a là, dans un couloir, comme une loge de concierge: deux dames – plutôt bourgeoises à la retraite – y sont assises autour d'une table envahie de paperasses. Des affiches du candidat habillent les murs. Ces dames caquettent. Lorsque la porte s'ouvre, elles tendent le cou pour voir qui entre …

DAME 1. Madame?

Françoise, muette, le teint pâle, vient vers elles. Elle sort le tract trouvé dans sa boîte aux lettres, le tend.

FRANÇOISE *(bas)*. C'est moi.

3 **le soutien:** Unterstützung.
7 **la permanence:** Geschäftsstelle.
12 **à la retraite:** in Rente.
14 **habiller les murs** (m.): an den Wänden hängen.
15 **caqueter** (fam.): schwatzen.
15f. **tendre le cou:** den Hals recken.
18 **muet, te:** stumm.

DAME 1. Vous?

DAME 2. La voleuse de viandes?! …

FRANÇOISE. Qui je peux voir pour ça?

DAME 1. Oh ben, pas nous … Monsieur Brun! Il vient d'arriver! Je vais le chercher, ou plutôt venez avec moi, je vais vous conduire à son bureau! Venez, madame, venez! *(Elle l'entraîne dans le couloir.)* Vous voulez un café?

FRANÇOISE. Non.

Une porte. La dame frappe.

LA DAME 1. Francis, tu es là?

FRANCIS BRUN *(voix off)*. Entre!

Elle ouvre la porte.

LA DAME 1. Francis … Madame voudrait te parler … c'est la mère de famille du tract!

Monsieur Brun, visage avenant, se lève, étonné, et tend aussitôt la main à Françoise. La jeune femme semble perdue, désemparée … Elle ne serre pas la main à monsieur Brun.

MONSIEUR BRUN. Asseyez-vous, madame, je vous en prie!

Françoise ne bouge pas. La dame quitte la pièce.

MONSIEUR BRUN. N'ayez pas peur, madame Barnier.

FRANÇOISE *(saisie, sur la défensive)*. … Comment ça!? … Comment vous savez mon nom?

MONSIEUR BRUN. Nous sommes vos amis, madame! J'ai un commerce d'outillage de jardin, rue Clémenceau … C'est bien que vous soyez venue ici … parce que si vous avez besoin d'aide, nous

16 **avenant, e:** ansprechend, gefällig.
18 f. **serrer la main:** die Hand geben.
27 **un outillage de jardin:** Gartengeräte.

sommes nombreux comme vous à en avoir ras-le-bol … Vous voulez un café? Un verre d'eau, tiens!

Il lui sert un verre d'eau. Françoise s'est assise.

MONSIEUR BRUN. Ma belle-sœur était dans la même galère que vous! Elle a pas volé, elle, parce que j'ai toujours pu l'aider un peu financièrement parce que la famille chez nous est quelque chose de sacré, on se tient vraiment les coudes, mais elle vivait au SMIC et avec deux gosse, c'est pas possible, son mari est décédé sans pension! Vous savez combien elle a attendu avant de toucher l'aide du CCAS? Vous le savez? Six mois!! Six mois pour toucher 300 balles!! Et sa voisine de palier, une femme très typée si vous voyez ce que je veux dire, elle a pas attendu une semaine! 600 francs tout de suite!

Françoise fait celle qui n'a pas entendu la remarque acerbe et raciste. Elle boit un peu d'eau …

FRANÇOISE. Qu'est-ce qu'elle fait maintenant, votre belle-sœur?

MONSIEUR BRUN. On lui a trouvé des ménages à Ren-

5 **la belle-sœur:** Schwägerin.
6 **la galère** (fam.): hier: Notlage.
9 **sacré, e:** heilig.
se tenir les coudes: untergehakt sein; hier (fig.): zusammenhalten (*le coude:* Ellbogen).
10 **le SMIC:** *Salaire Minimum Interprofessionnel Conventionnel:* gesetzlich garantierter Mindestlohn.
11 **décéder:** sterben.
14 **le palier:** Treppenabsatz.
15 **typé, e:** ganz typisch, ausgeprägt.
19 **acerbe:** scharf, verletzend.

nes, au collège Dumas, parce que l'intendant est du même bord que nous. C'est pénible comme boulot, mais au moins elle travaille, et elle peut profiter de la cantine! Vous, vraiment votre situation n'est pas tenable! Un boulot à quart de temps, pas de salaire pour ainsi dire, deux gosses, et tellement de frais ...! Faites-moi confiance que tous les bronzés qui se reproduisent dans votre cité vivent mieux que vous!

FRANÇOISE *(avec un pâle sourire, comme si elle s'attendait à cela)*. Mais non, dites pas ça, je connais des Marocaines dans le bloc voisin qui nourrissent leurs gamins tous les deux jours ...

MONSIEUR BRUN. C'est possible! N'empêche, si l'aide sociale ne versait l'argent public qu'aux Français, on en profiterait davantage! C'est quand même vous qui en avez besoin en premier, non? On est chez nous, vous devriez être prioritaire, au lieu de ça, ils vous ignorent.

FRANÇOISE. Je crois pas, ils font ce qu'ils peuvent, ils essayent d'aider tout le monde ...

MONSIEUR BRUN. Justement, tout le monde! Vous savez que dans une cité comme celle des Près-Saint-Paul, le taux d'étrangers, Turcs et Arabes essentiellement, atteint 46 %! Vous réalisez un peu ce

1 **un intendant:** Verwaltungsdirektor.
1 f. **être du même bord** (fig.): dieselben Anschauungen vertreten.
7 **bronzé, e:** (sonnen)gebräunt; hier: dunkelhäutig.
8 **se reproduire:** sich vermehren.
14 **n'empêche:** trotzdem, dennoch, jedenfalls.
15 **verser:** hier: auszahlen.
18 **être prioritaire:** Vorrechte haben.
24 f. **essentiellement** (adv.): im Wesentlichen.

que c'est 46 %?! Et combien travaillent? Très peu. Et combien touchent sécu et aides sociales en tout genre? TOUS!! Je me trompe?

FRANÇOISE *(tendue maintenant, très émotive)*. Écoutez! je suis pas venue pour entendre ça! … Je sais pas exactement mais … je pense vraiment pas que si je vis mal c'est à cause des Turcs ou des Arabes, ça je le pense vraiment pas! Y en a qui sont … je les connais bien … y en a qui sont dans une situation pire que la mienne!

MONSIEUR BRUN *(de plus en plus froid)*. Vous êtes d'accord quand même que l'argent est mal réparti dans ce pays! … Je dis pas que notre parti peut résoudre tous vos problèmes, comprenez-moi bien! Mais il est le seul, que je sache, à s'intéresser vraiment au sort des laissés pour compte et à proposer des solutions pour que ça change! À Rennes, par exemple, y a une usine d'ajustage qui a fermé et qui a foutu sur le carreau vingt-deux employés! Eh bien, le patron est allé rouvrir une entreprise de cartonnage dans le Territoire de Belfort, peinard, sans problème, et des vingt-deux employés quatre seulement ont retrouvé du travail à Rennes; je

4 **emotif, ve:** emotional, aufgewühlt.
12 **répartir:** verteilen.
13 f. **résoudre:** lösen.
16 **laisser qn pour compte** (fig.): jdn. außer Acht lassen, vernachlässigen.
18 **un ajustage:** Justierung, Feineinstellung.
19 **foutre sur le carreau** (fam.): auf die Straße setzen.
21 **le Territoire de Belfort:** Département im Nordosten Frankreichs (90).
peinard, e (fam.): ruhig, bequem.

peux vous dire leur nom: Ben Saïd Maboura, Bekate Dacloune, Sophisbe Ta…

Françoise se raidit, elle en a assez.

FRANÇOISE *(ironique)*. Vous voyez bien qu'ils sont pas tous au chômage!!

Bon, ça suffit … *(Elle se lève.)*

MONSIEUR BRUN *(la retenant)*. Écoutez-moi, madame Barnier, et réfléchissez bien! Vous tiendrez pas le coup toute seule! Vous avez volé et vous allez être condamnée! À combien, je ne sais pas, mais la justice des riches est sévère pour les gens comme vous! Vous êtes coupable, ne l'oubliez pas!

FRANÇOISE. … Mais non … C'est pas vrai!

MONSIEUR BRUN. Une Française a pas le droit de voler

3 **se raidir:** sich anspannen, verkrampfen.
8 f. **tenir le coup** (fig.): eine Sache aushalten.

d'autres Français! Ça, c'est dans le code! Mais comment faire autrement ...?

FRANÇOISE. Pourquoi vous me parlez comme ça?!

MONSIEUR BRUN. Je suis sûr qu'à la ferme Poitrenaud vous avez piqué de temps en temps une côte de porc par-ci, un bout de jambon par-là.

FRANÇOISE. Non mais ça va pas ...

MONSIEUR BRUN. Qui sait ce que moi-même je ferais dans une galère comme celle-là? Personne peut répondre.

FRANÇOISE. Si! MOI, je peux répondre! ... J'ai jamais volé à la ferme! JAMAIS!!

MONSIEUR BRUN *(essayant de sourire)*. Peut-être, madame Barnier, peut-être! excusez-moi ... Mais franchement sur qui pouvez-vous compter? Qui d'autre que nous, dans la région, a sorti un tract de soutien à Françoise Barnier!? Écoutez! ... Venez demain à la réunion! Il y aura monsieur Flouche, le gérant du stade Guynemer. Peut-être qu'il cherche quelqu'un à l'entretien des sanitaires et que vous ...

À bout, Françoise quitte brutalement la pièce et se rue dans le couloir.

FRANÇOISE *(folle de rage, des larmes aux yeux)*. Taisez-vous!! ... C'est vraiment dégueulasse de m'utiliser ... de se servir comme ça de moi ...!! *(elle regarde*

5 f. **la côte de porc:** Schweinekotelett.
6 **par-ci ... par-là:** mal hier, mal da.
7 **ça va pas** (fam.): etwa: Sie sind wohl nicht ganz bei Trost!
18 **le gérant:** Verwalter.
20 **les sanitaires** (m.): Toiletten.
21 **être à bout:** fix und fertig sein.
21 f. **se ruer:** sich stürzen, auf etwas zustürzen.
24 **dégueulasse** (fam.): widerlich.

le tract) … sans me voir, sans me parler … Vous n'aviez pas le droit! … C'est dégueulasse!!
Françoise a fait une boule du tract et la lance violemment sur les deux dames attablées devant leurs enveloppes.

FRANÇOISE. Vous êtes payées combien les grands-mères pour votre sale boulot!? Et dire que j'ai voté pour vous aux dernières législatives!! Je sais pas ce qui m'a pris!! … Mais qu'est-ce que j'ai fait!? … J'ai vraiment envie de vous cracher à la gueule!!
Elle sort précipitamment de l'immeuble.

40. HALL HLM DE FRANÇOISE – INT. NUIT

Rageuse, livide, Françoise, munie d'aiguilles à tricoter et de pinces à épiler, tente d'extraire les tracts d'un parti de toutes les boîtes aux lettres.
Sa fille Sandra l'observe avec inquiétude, une poubelle à la main: parfois, sa mère vient y jeter les tracts qu'elle froisse et déchire nerveusement …

FRANÇOISE *(entre les dents)*. … Seul, quand tu es tout seul, ça arrive chez toi … Ils viennent ici, sans que t'aies rien demandé, nous foutre leur saleté, bien cachée au milieu des factures … Les voisins, ils

4 **attablé, e:** am Tisch sitzend.
10 **cracher à la gueule** (fam.): ins Gesicht spucken.
13 **rageur, euse:** wütend.
livide: leichenblass.
muni, e de: versehen mit.
une aiguille à tricoter: Stricknadel.
14 **la pince à épiler:** Kosmetikpinzette.

savent rien … chacun dans son coin, à l'abri des regards …

SANDRA *(tentant de calmer sa mère)*. … Maman! …

FRANÇOISE. … Pendant qu'on dort … Ils viennent remuer toute la merde qu'on a en nous … Faut pas, Sandra! … Faut pas les laisser faire … Passe-moi un chewing gum!

41. RENNES, BUREAUX DU MAGASIN ROCADE – INT. JOUR

La pleine page d'un journal lue en off par un homme, le gérant du magasin Rocade où s'est effectué un des vols de Françoise Barnier.

VOIX OFF DU GÉRANT.

SONDAGE SOFRES

DANS SA SITUATION ET POUR UN TEL VOL, ELLE N'AURAIT PAS DÛ ETRE POURSUIVIE: 49 %!

IL EST NORMAL QU'ELLE AIT ÉTÉ POURSUIVIE CAR LE VOL NE PEUT PAS ÊTRE ACCEPTÉ EN SOCIÉTÉ: 48 %!

C'EST UNE BONNE DÉCISION COMPTE TENU DE LA DÉTRESSE DE CETTE FEMME: 69 %!!

1 **à l'abri** (m.) **de:** geschützt vor.
11 **s'effectuer:** geschehen.
14 **le sondage:** Meinungsumfrage.
la SOFRES: *Société française d'enquêtes par sondage:* größtes französisches Meinungsforschungsinstitut (Aussprache: [sɔfʀɛs]).
19f. **la détresse:** elende Lage.

MAUVAISE DÉCISION: IL AURAIT FALLU LA CONDAMNER POUR MARQUER LE COUP, MAIS EN LA DISPENSANT DE LA PEINE: 30 %!

LE GÉRANT *(reposant le journal sur la table).* Et 60 % pensent que le Parquet est dans son rôle en faisant appel! Voilà! Sondage effectué avant hier, le 3 mars!

Nous sommes dans un bureau administratif du magasin Rocade de Rennes. Autour d'une grande table, le gérant, le financier, on le nommera Mangeot, et l'avocat du magasin de grande surface, Maître Vigne, discutent. Les hommes sont devant des dossiers et des statistiques. Ils sont plutôt tendus.

LE GÉRANT. La partie civile s'impose, non?

MAÎTRE VIGNE. Vous vous êtes porté civile au premier jugement …

Le parquet faisant appel, on est forcé de suivre.

LE GÉRANT. «Forcé» … ça, vous pouvez le dire! Sauf qu'au lieu de faire appel, le Parquet aurait mieux fait d'empêcher la relaxe. Demander deux mois de suspension de permis de conduire … ce n'était pas très malin!

MANGEOT. En tout cas, faut marquer le coup. Là c'est plus du vol, c'est du pillage!

LE GÉRANT. C'est même pas ça, le problème … Mais s'il faut saisir un avocat pour chaque vol à l'étalage … on ne va plus s'en sortir!

2 **marquer le coup** (fig.): ein Zeichen setzen.
2 f. **dispenser qn de la peine:** jdm. die Strafe erlassen.
13 **s'imposer:** zwingend geboten sein.
21 **malin, igne:** schlau.
23 **le pillage:** Plünderung.
25 **saisir un avocat:** einen Rechtsanwalt beauftragen.

MANGEOT. Quoi qu'il en soit, on ne risque pas grand chose à être impopulaire dans cette affaire …

LE GÉRANT *(reprenant le sondage)*. 49 % contre 48 % qui pensent que le vol ne peut pas être accepté dans notre société. Ce n'est pas ce qu'on appelle en effet un formidable élan de soutien populaire!

MANGEOT. Ne donnons cependant pas l'impression que nous nous acharnons sur cette cliente … car après tout c'est une cliente.

LE GÉRANT. Bien sûr!

Les trois hommes se taisent. Ils sont bien embêtés par toute cette affaire. Mais il faut agir, et la mauvaise foi l'emporte.

MANGEOT. Ne m'avez-vous pas dit, Maître, que le plus jeune enfant de madame Barnier mangeait tous les jours à la cantine?

MAÎTRE VIGNE *(cherchant dans ses papiers)*. J'ai lu dans le dossier que sa petite fille était à la crèche et …

MANGEOT. L'état de nécessité a bon dos!

MAÎTRE VIGNE. La juge est militante au syndicat de la magistrature.

LE GÉRANT. Eh bien voilà, on y vient! Un magistrat de gauche veut se payer une grande surface! C'est à la

1 **quoi qu'il en soit:** wie dem auch sei.
8 **s'acharner sur qn:** erbittert gegen jdn. kämpfen.
11 **se taire:** schweigen.
être embêté, e: dumm dastehen.
12f. **la mauvaise foi:** Unaufrichtigkeit.
13 **l'emporter:** stärker sein.
19 **avoir bon dos:** herhalten müssen.
20 **être militant, e:** aktives Mitglied sein.
le syndicat: Gewerkschaft.
23 **se payer une grande surface:** etwa: sich an einem Großmarkt rächen.

mode aujourd'hui de se faire un patron! Elle a une affaire en or, notre juge! Une mère de famille sans emploi qui …

MAÎTRE VIGNE. Elle a un emploi. Succinct certes, mais qui lui procure un revenu.

LE GÉRANT. En plus, elle travaille!

MAÎTRE VIGNE. Elle touche 4478 francs par mois.

MANGEOT. C'est supérieur aux revenus de nos caissières.

LE GÉRANT. Vous m'avez dit que *Le Monde* en parle!?

MAÎTRE VIGNE *(toujours dans son dossier).* Il dit que «le magistrat de Rennes a rendu bellement, humainement le droit!»

Silence dans la salle.

Puis le gérant a un geste de la main balayant ce que vient de dire son avocat sous-entendant que c'est peut-être vrai … mais vraiment pas le problème.

LE GÉRANT. Bon d'accord … et alors! *Le Monde* la cite, la presse en parle tous les jours, la place à la une … *(il désigne une pile de quotidiens et mensuels)* … sans parler des actualités télévisées que notre service de communication a régulièrement enregistrées! N'empêche … nous sommes en pleine manipulation!

MANGEOT. Ça y ressemble!

1 **se faire un patron:** etwa: sich einen Arbeitgeber vornehmen.
4 **succinct, e:** knapp, schlecht bezahlt.
5 **procurer qc:** etwas verschaffen.
15 **balayer qc:** etwas vom Tisch wischen.
16 **sous-entendre:** zu verstehen geben.
20 **la une:** Titelseite (einer Zeitung/Zeitschrift).

42. RENNES, SALLE COMMUNE DU TRIBUNAL – INT. JOUR

La salle commune des magistrats du Palais de Justice de Rennes. Entrées et sorties des gens de robe, bavardages, commentaires, etc. La juge Marie-Noëlle Davray vient chercher son courrier. Certains la saluent de loin, d'autres semblent l'éviter, beaucoup lui tournent le dos.

Le visage de la juge se crispe devant son casier vide.

LA JUGE M.-N. DAVRAY. Toujours pas de courrier?? C'est impossible, voyons!!

À ses côtés, une juge un peu plus jeune retire son courrier.

LA JUGE. Seriez-vous déjà oubliée?

LA JUGE M.-N. DAVRAY. Que voulez-vous dire?

LA JUGE. Que les médias font souvent preuve d'ingratitude. Pourtant, vous avez su les nourrir, c'est le moins qu'on puisse dire! Vous êtes sûre que vous n'avez pas dans votre casier un mot d'*Ici Paris*? … Savoir comment vous faites les œufs sur le plat devrait les intéresser.

La juge Davray, blême, se retient …

LA JUGE M.-N. DAVRAY. Si j'apprends que l'on détourne mon courrier …

LA JUGE. Vous soupçonnez vos collègues magistrats?

4 f. **le bavardage:** Geplauder, Unterhaltung.
9 **se crisper:** sich verkrampfen.
16 f. **faire preuve d'ingratitude** (f.): sich undankbar zeigen.
23 **détourner:** hier: unterschlagen.
25 **soupçonner qn:** jdn. verdächtigen.

C'est très grave. Vous pourriez répondre de cette accusation, comme vous pourriez répondre de la politisation de cette petite affaire orchestrée par vos soins … On est en droit de s'interroger sur vos véritables motivations!

LA JUGE M.-N. DAVRAY. C'est-à-dire? Qu'est-ce que vous insinuez?! Vous êtes en train de porter atteinte à mon honneur et vos insinuations remettent gravement en cause ma propre indépendance de juge de siège qui est la vôtre aussi, je vous le rappelle.

LA JUGE. Je vous en prie, nous ne sommes pas dans un meeting! Baissez le ton. Et parlons-en du siège! Il semblerait dans cette affaire que la cause était entendue d'avance et que tout s'est joué dans l'ombre après délibérations. Car tout était prémédité, n'est-ce pas?

LA JUGE M.-N. DAVRAY. Mais vous êtes … Vous déraisonnez!

LA JUGE. Depuis quand attendiez-vous une occasion comme celle-ci? Un coup à la juge Charette!! Car c'est une «carrière», n'est-ce pas, que vous voulez faire! Vous espériez que votre jugement puisse

1 **répondre de qc:** für etwas haften, für etwas zur Verantwortung gezogen werden.
3 **orchestrer qc:** etwas inszenieren.
4 **les soins** (m.): Bemühungen.
être en droit de faire qc: zu Recht etwas tun.
7 **insinuer qc:** etwas unterstellen.
porter atteinte à qc: etwas angreifen.
8 f. **remettre qc en cause:** etwas infrage stellen, gefährden.
9 f. **le juge de siège** (jur.): fest bestallter Richter.
12 **baisser le ton:** leiser reden.
15 **prémédité, e:** vorsätzlich, vorgeplant.
17 f. **déraisonner:** faseln.

faire jurisprudence!?! Laissez-moi rire! En tout cas, le … peut vous remercier! Il vous félicite dans ses tracts, le saviez-vous? Nous sommes nombreux à nous demander ici comment une magistrate de gauche comme vous – vous ne vous en êtes jamais caché – peut vivre un tel déchirement!

LA JUGE M.-N. DAVRAY. Vous devenez ignoble!

LA JUGE. En quoi, s'il vous plait!? En vous disant que votre attitude ne fait que servir les extrêmes. Le Droit et la Politique n'ont rien à faire ensemble! On stoppera ça, croyez-moi!

LA JUGE M.-N. DAVRAY. Je ne sais pas ce que vous manigancez mais … vos propos sont … indignes! Ou tout simplement de droite, de la droite la plus conservatrice, la plus acharnée à la défense de ses privilèges …

LA JUGE. Qu'est-ce que vous dites??

LA JUGE M.-N. DAVRAY. Mais qu'est-ce qui peut, à la lecture de mon jugement, vous rendre aussi haineuse? Quoi donc? Expliquez-moi, je vous en prie! L'accusation de carriérisme n'est qu'un prétexte! Il y a autre chose, voyons!

Tout le monde s'est tu et immobilisé dans la salle. Les deux femmes se regardent dans les yeux, pleines du mépris qu'elles ont l'une pour l'autre.

1 **faire jurisprudence** (f.; jur.): zum Präzedenzfall werden.
6 **vivre qc:** hier: etwas aushalten, mit etwas fertig werden.
le déchirement: Zerrissenheit, Hin- und Hergerissensein.
7 **ignoble:** niederträchtig, gemein.
12 f. **manigancer qc:** etwas im Schilde führen.
15 **acharné, e:** verbissen.
18 **haineux, se:** hasserfüllt.
20 **le prétexte:** Vorwand.
24 **le mépris:** Verachtung.

LA JUGE *(bas, entre les lèvres)*. Idiote!

LA JUGE M.-M. DAVRAY. N'espérez pas de moi une insulte. Je vais immédiatement demander rendez-vous au président du Tribunal!

Elle quitte nerveusement la salle, gorge nouée et les larmes aux yeux, sous les yeux mi-ébahis, mi-amusés des magistrats présents.

43. SAINT-LUBIN, APPARTEMENT DE FRANÇOISE – INT. NUIT

Le téléphone sonne. Françoise et sa fille Sandra se regardent, inquiètes.

SANDRA. Qui ça peut bien être à dix heures du soir?

Le téléphone continue de sonner. Françoise va décrocher.

FRANÇOISE. Allô?

VOIX D'UN HOMME DANS LE COMBINÉ. Madame Barnier?

FRANÇOISE *(après un temps)*. Oui.

VOIX DE L'HOMME. Excusez-moi de vous importuner à cette heure, mais ... je suis journaliste ... Non, ne raccrochez pas! Je suis un journaliste honnête! ... Je voulais simplement vous informer que les enchères montent sur vous.

2f. **une insulte:** Beleidigung.
5 **la gorge:** Kehle.
noué, e: zugeschnürt.
6 **mi-(ébahi, e):** halb (verblüfft).
13f. **décrocher:** (Telefonhörer) abheben.
16 **le combiné:** (Telefon-)Hörer.
18 **importuner qn:** jdn. belästigen.
21f. **les enchères:** Preis, Gebot (bei einer Versteigerung).

FRANÇOISE. Quelles enchères?

VOIX DE L'HOMME. Votre cote, si vous voulez! Elle est au plus haut en ce moment! Si vous me l'autorisez, je pourrais faire de vous la première photo à visage découvert et …

FRANÇOISE. Foutez-moi la paix!!

VOIX DE L'HOMME. Comme vous voudrez, mais vous allez vous coltiner des paparazzi qui vont faire la planque dans votre cité et vous y couperez pas! Vous allez tout de même pas sortir avec un masque sur la figure tous les jours?! *(Temps.)* Remarquez, vous pourrez toujours les attaquer et toucher 30 à 40 mille balles au procès! Moi, c'est pas ça du tout, je suis un journaliste honnête et je vous propose … *Françoise raccroche brutalement.*

44. RENNES – INT. JOUR

Le président du tribunal et la juge Marie-Noëlle Davray sont en train de discuter âprement dans un bureau du Palais.

Tendu, le visage émacié, le président est dans un grand état de nervosité.

La juge, pâle et crispée, a le ton déterminé.

2 **la cote:** Bewertung, Kursnotierung (an der Börse).
6 **foutez-moi la paix!** (pop.): lassen Sie mich in Ruhe!
8 **se coltiner qc** (fam.): sich etwas aufhalsen.
8f. **faire la planque** (fam.): sich auf die Lauer legen.
9 **vous y couperez pas** (fam.): etwa: das werden Sie nicht vermeiden können.
18 **âprement** (adv.): barsch, schroff.
20 **émacié, e:** ausgemergelt.

LE PRÉSIDENT. Vous plaisantez ou quoi? Une procédure disciplinaire!? Vous demandez à votre encontre une procédure disciplinaire?

LA JUGE DAVRAY. C'est la seule façon de me défendre des accusations que certains magistrats portent contre moi!

LE PRÉSIDENT. Personne ne vous accuse de quoi que ce soit, mais tout le monde est en droit de commenter votre jugement unique, que je sache, et votre jugement n'est ni fondé en droit ni justifié en fait! L'état de nécessité est subordonné à de strictes conditions, madame, et il est clair que vous avez méconnu ces conditions!!

LA JUGE. Oseriez-vous, monsieur le président, me mettre par écrit ce que vous venez de dire?

LE PRÉSIDENT. Vous croyez que je n'ai pas le courage de mes opinions?

LA JUGE. Mon jugement a été conforme au droit! J'ai jugé en mon âme et conscience et mon jugement est souverain!

LE PRÉSIDENT. Votre jugement de relaxe consacre l'incivisme alimentaire!

La juge ne peut retenir un éclat de rire.

LA JUGE. Et vous craignez qu'il fasse jurisprudence! C'est ça?? Mais enfin, ce jugement est un cas d'espèce, aucun prévenu ne pourra jamais corres-

1 f. **la procédure disciplinaire:** Disziplinarverfahren.
2 f. **à l'encontre de qn:** gegen jdn.
10 **fondé, e en droit:** rechtlich fundiert.
justifié, e en fait: durch die Tatsachen gerechtfertigt.
11 **subordonné, e à:** abhängig von.
12 f. **méconnu, e:** verkannt.
25 f. **le cas d'espèce** (jur.): Sonderfall.

pondre à la situation de cette femme … Vous savez comme moi qu'une jurisprudence est impossible!

LE PRÉSIDENT. Vous avez tort de rire, madame! Par arrêt, nous annulerons votre jugement!

LA JUGE. Mais comment!? Annuler mon jugement? Je me demande bien comment! Mon jugement en correctionnelle n'a donc pas existé?

LE PRÉSIDENT. Non, il n'existe pas!

LA JUGE *(caustique)*. S'il n'existe pas c'est qu'il a été rendu par un mauvais juge, un juge qui n'a pas fait correctement son travail!!

LE PRÉSIDENT. Absolument! Et nous vous le prouverons!

LA JUGE. Qu'avez-vous à me le prouver! Je ne serai pas à la cour d'appel pour me défendre et exposer mes arguments!

LE PRÉSIDENT. Ça, non, vous n'y serez pas!

LA JUGE. Sauf si vous entamez une procédure disciplinaire …

LE PRÉSIDENT. Il n'y aura pas de procédure disciplinaire!

Veuillez maintenant quitter mon bureau, je vous prie!

LA JUGE *(esquissant un départ)*. Vous ne m'aimez pas, n'est-ce pas?

LE PRÉSIDENT. Je n'aime pas votre appréhension du

3f. **un arrêt:** hier (jur.): Entscheidung, Urteil.
6f. **la correctionnelle:** Strafkammer.
9 **caustique:** bissig.
18 **entamer qc:** etwas einleiten.
24 **esquisser:** skizzieren; hier: andeuten.
26 **une appréhension:** Scheu, Angst vor.

droit français, madame. Dans votre jugement le pragmatisme l'emporte sur le droit!! Depuis quelque temps, notre politique criminelle est dominée par un discours qui vante les qualités d'une justice pénale douce, négociée, voire contractuelle!! … «médiation pénale», «boutique du droit», «maison de Justice» … Votre relaxe s'inspire totalement de la philosophie de ce discours.

LA JUGE *(blême)*. J'attends votre lettre, monsieur le président! De vos écrits dépendront les suites que je donnerai à cet incident!

LE PRÉSIDENT. Je n'en ai rien à cirer!

Le souffle coupé par ces derniers mots, la juge quitte le bureau en claquant la porte.

45. TRIBUNAL COUR D'APPEL – EXT. INT. JOUR

Devant le Palais de Justice, des cordons de police sont dressés.
Des cars de télévision sont garés.
Il semble qu'un «grand procès» se tient à l'intérieur des murs du Palais.
La salle du Tribunal de la Cour d'Appel est bondée.

2 **l'emporter sur:** stärker sein als.
4 **vanter:** preisen.
5 **négocier:** verhandeln.
voire: ja sogar.
contractuel, le: vertraglich.
6 **la médiation pénale** (jur.): etwa: Aushandeln eines Urteils.
12 **je n'en ai rien à cirer** (fam.): etwa: damit habe ich nichts am Hut.
16 **le cordon:** Absperrkette.
21 **bondé, e:** überfüllt.

Cette salle diffère considérablement de celle du Tribunal de Grande Instance où Françoise fut la première fois convoquée: plus spacieuse, elle n'a rien de «l'intimité» que pouvait avoir la première salle. Très solennelle, sombrement boisée, semblable à une salle d'«assises», elle situe la Cour sur une estrade élevée, dominatrice. Ses bancs peuvent accueillir beaucoup de monde, ce qui est le cas ce jour-là: la salle est pleine. Les journalistes, notamment, sont nombreux. Maynal est évidemment parmi eux.
Françoise, très impressionnée, se tient debout dans le box des accusés, son chapeau à voilette noire à la main. Devant elle, en contrebas, son avocat.

La Cour est composée cette fois-ci essentiellement d'hommes. Un président et ses deux conseillers. Le Ministère Public en la personne d'un procureur général. Le seul élément féminin est la greffière.
Maître Vigne, avocat de la partie civile, le magasin Rocade, est présent.

Le procureur général a la parole.

LE PROCUREUR GÉNÉRAL. … Et j'ai ici un vieux jugement rendu par madame la juge qui a été réformé par la Cour de Valenciennes! Nous le voyons: les juge-

3 **spacieux, se:** geräumig.
5 **sombrement** (adv.): dunkel.
boisé, e: holzgetäfelt.
5f. **les assises** (f. pl.): Schwurgericht.
6 **une estrade:** Podium.
6f. **dominateur, trice:** beherrschend.
13 **en contrebas:** unterhalb.
15f. **le Ministère Public:** Staatsanwaltschaft.
21f. **réformer un jugement:** ein Urteil abändern.

ments rendus par cette magistrate sont, c'est le moins que l'on puisse dire, sujets à caution! C'est ainsi que, continuant de «surfer» sur les règles élémentaires de notre Droit, madame la juge s'est fait remettre par l'avocat de la défense ici présent, des renseignements et documents dont le contenu a été retranscrit dans son jugement. J'informe la Cour que ces éléments ont été produits … clandestinement!

L'AVOCAT DE FRANÇOISE BARNIER. Monsieur le Président, je demande la parole!

LE PRÉSIDENT. Vous l'aurez, Maître, vous l'aurez!

LE PROCUREUR GÉNÉRAL. … Que c'est clandestinement que ces documents ont été produits, sans que l'accusation en ait eu connaissance, et je requiers, selon l'article 427 alinéa 2 du Code de procédure pénale qui stipule que «le juge ne peut fonder sa décision que sur des preuves qui lui ont été apportées au cours des débats et contradictoirement discutées devant lui» l'annulation du jugement pour manquement à la loyauté des débats et collusion entre la juge et l'avocat de la défense.

L'avocat s'est levé vivement.

1f. **c'est le moins qu'on puisse dire:** das ist das Wenigste, was man sagen kann.
2 **être sujet, te à caution:** mit Vorsicht zu genießen sein.
7 **retranscrire:** noch einmal abschreiben.
8 **clandestinement** (adv.): heimlich.
14 **requérir:** beantragen.
15 **un alinéa:** Absatz.
le Code de procedure pénale: Strafprozessordnung.
16 **stipuler:** festlegen.
18 **contradictoirement** (adv.): hier: nach Für und Wider.
19f. **le manquement:** Verstoß.
20 **la collusion:** geheime Absprache.

LE PRÉSIDENT. La parole est à vous, Maître.

L'AVOCAT. C'est avec la plus grande énergie que je veux ici protester!

LE PRÉSIDENT. Calmez-vous, Maître.

L'AVOCAT. Ce que vient de dire monsieur le procureur général est une contre-vérité et je tiens à rétablir, la stricte, la stricte vérité! Non, il n'y a pas eu collusion entre madame la juge et moi-même!!

L'AVOCAT *(suite)*. La vérité, monsieur le président, est plus simple, et j'allais dire, plus «bête»! Les documents fournis par ma cliente étaient des originaux … ASSEDIC, contrat de travail, factures etc. et elle les a produits au cours de l'audience où ils furent contradictoirement discutés!! Comme c'étaient des originaux, et pensant que madame Barnier pouvait en avoir besoin, j'ai dit à madame la juge que je lui fournirais des photocopies. Sans que je recontacte ma cliente, sans que je fasse quoi que ce soit, je suis venu à mon bureau, j'ai fait des photocopies, j'ai dicté un courrier à ma secrétaire à l'adresse du juge en lui disant: «je vous communique l'ensemble de ces éléments», et madame la juge, elle-même, a mis dans le dossier mon courrier, très logiquement, puisqu'il n'y avait pas entre nous quoi que ce soit! Alors que monsieur le procureur général utilise ce courrier est tout bonnement extravagant! Quel intérêt avais-je à «comploter» avec madame la Juge, dans la mesure où le jugement avait DÉJÀ été rendu?!? C'est absurde! C'est gravissime de porter une telle accusation!!

11 **fournir:** liefern.
26 **tout bonnement** (adv.): ganz einfach.
29 **gravissime:** äußerst schwer.

LE PROCUREUR GÉNÉRAL. Voyons, Maître, j'ai sous les yeux votre lettre envoyée à madame la juge! Elle est sans ambiguïté!

L'AVOCAT. Je répète devant cette Cour que tout ce qui a été envoyé à madame la Juge avait été produit au cours de l'audience! Ou alors quoi! Faut-il que les juges, les greffiers *(il s'est tourné vers la greffière qui se demande bien ce qu'on lui veut)* et les avocats se transforment en plumitif besogneux, qu'ils visent et parafent, avec date et heure, le moindre document produit!? Ce serait alors la fin de la loyauté, de la confiance mutuelle entre les intervenants au procès, la fin de ce que nous appelons entre nous «la foi du palais»!!

LE PRÉSIDENT. Écoutez, Maître, nous ne sommes pas ici pour refaire le monde et encore moins pour réformer la Justice! Tenons-nous en aux débats!

L'AVOCAT. Je regrette en effet que le Tribunal ne se soit pas encore exprimé sur le fond et consacre une partie importante de l'audience à régler le cas de madame la juge!

LE PRÉSIDENT. Je vous rappelle à l'ordre, Maître! Insinuez-vous que se «règlent des comptes» dans cette Cour!? Faite attention à ce que vous dites! Tenez-

3 **sans ambiguïté** (f.): eindeutig.
9 **le plumitif:** Schreiberling.
besogneux, se: bescheiden, kleinkariert.
10 **parafer:** amtlich festhalten.
12 **un intervenant:** Beteiligter.
13f. **la foi du palais:** etwa: Treu und Glauben vor Gericht.
19 **le fond:** hier: die Hauptsache.
23 **régler des comptes** (fig.): abrechnen (mit jdm.).

vous en aux intérêts de votre cliente! C'est d'elle dont vous êtes l'avocat! Rasseyez-vous, vous aurez la parole ultérieurement!

– PLUS TARD –

LE PRÉSIDENT. Vous dites, madame, que vos enfants se plaignaient régulièrement de ne manger que des pâtes et de la purée mousseline et que c'est pour cette raison que vous avez «craqué» – je vous cite – et volé viande et poisson. Aviez-vous observé une quelconque carence alimentaire chez vos enfants?

FRANÇOISE *(après un temps)*. Non, mais … fallait-il que j'attende qu'ils soient malades?

LE PRÉSIDENT. Parlez plus fort, madame, s'il vous plaît.

FRANÇOISE *(plus haut)*. Est-ce que je devais attendre que mes enfants soient malades pour voler?

LE PRÉSIDENT. Et à vous, vous arrivait-il de manger de la viande?

FRANÇOISE. Moi?

LE PRÉSIDENT. Oui, vous.

FRANÇOISE. Comment j'aurais pu?

Je mange la même chose que mes enfants … Je comprends pas.

LE PRÉSIDENT. Pourquoi avoir volé à trois reprises? Car enfin, il y en avait là pour plusieurs kilos de nourriture! Six kilos de viande uniquement chez Intermarché, ce n'est pas mal! Vous vous prépariez à un état de siège ou quoi?

3 **ultérieurement** (adv.): später.
10 **la carence alimentaire:** ernährungsbedingte Mangelerscheinung.
27 **un état de siège:** Belagerungszustand.

Françoise se tait. Elle tripote la voilette de son chapeau de deuil.

LE PRÉSIDENT. C'est quand même une excellente amélioration de ce que vous appelez «l'ordinaire de vos enfants»! Avez-vous un congélateur, madame?

FRANÇOISE. Un congélateur! ... ah non! ... enfin, j'ai une partie freezer dans le frigo, mais ...

LE PRÉSIDENT. Comment envisagiez-vous le stockage de toute cette marchandise?

Elle se tait.

LE PRÉSIDENT. Selon vos propres déclarations, madame, votre compte bancaire était aux moments des faits, le 20 janvier pour être plus précis, c'est-à-dire 3 jours après, créditeur de 1859 francs!

FRANÇOISE. J'ai déjà dit que si on fait le compte des chèques ...

LE PRÉSIDENT. Je vous en prie, madame, faites un effort et parlez plus haut.

FRANÇOISE *(plus haut, avec difficulté)*. ... si on fait le compte des chèques que j'avais faits et des cartes bleues, je n'avais pas cette somme à ce moment-là.

1 **tripoter qc:** an etwas herumzupfen.
2 **le deuil:** Trauer.
4 **un ordinaire:** hier: Alltagsessen, alltägliche Kost.
5 **le congélateur:** Tiefkühltruhe.
7 **la partie freezer:** Gefrierfach.
le frigo (fam.): *le réfrigerateur:* Kühlschrank.
8 **envisager qc:** etwas planen.
le stockage: Lagerung.
12ff. **le compte est créditeur de ...:** das Konto weist ein Guthaben von ... auf.
21 **la carte bleu:** Name einer Kreditkarte.

LE PRÉSIDENT. Je regrette, mais au jour des faits votre compte était toujours créditeur de 1859 francs, et cela malgré l'encours des chèques et des cartes émis.

Françoise marque des signes de lassitude.

LE PRÉSIDENT. Vous deviez percevoir une allocation de soutien familial pour votre plus jeune enfant, Jennifer, ainsi qu'une prise en charge VSL pour vos transports à Rennes. Est-ce exact?

FRANÇOISE. Je devais, oui.

LE PRÉSIDENT. Alors?

FRANÇOISE. Je sais pas quand. J'ai toujours rien eu. J'en ai assez d'attendre.

LE PRÉSIDENT. Vous en avez assez d'attendre?

FRANÇOISE. Oui.

LE PRÉSIDENT. Si tous les gens qui attendent l'aide publique manifestaient leur impatience comme vous l'avez fait, les grands magasins fermeraient tous leur porte! Merci, madame, vous pouvez vous rasseoir.

Françoise se rassied dans son box. Triste, accablée, son chapeau sur les genoux.

LE PRÉSIDENT *(à l'avocat de Françoise)*. La parole est à vous, Maître.

L'avocat se lève.

L'AVOCAT. Merci, monsieur le Président.

3 **un encours:** laufende Abrechnungs-/Zahlungsvorgänge.
8 **une prise en charge:** Kostenübernahme.
VSL: *Véhicule sanitaire léger:* Krankenwagen, Fahrdienst.
21 **accablé, e:** niedergedrückt.

46. PLUS TARD, SALLE ADJACENTE

Une petite salle protégée, à l'abri des regards, voisine de la salle d'audience.
Françoise attend, seule, assise sur une chaise devant une table. Sur la table, il n'y a que son chapeau à voilette. Son avocat arrive, un sac Franprix à la main.

L'AVOCAT *(posant le sac sur la table)*. Tenez!

FRANÇOISE. Merci. Combien je vous dois?

L'AVOCAT. Rien, rien.

Françoise sort des bananes du sac. Une bouteille d'eau minérale. Elle mange.

L'AVOCAT. Ils ne devraient pas tarder maintenant.

Temps.

FRANÇOISE. Ils ne m'aiment pas. Je l'ai bien vu. Les juges avant étaient des femmes. Peut-être des mères. Elles m'ont mieux écoutée. Je peux aller en prison?

L'AVOCAT. Mais non, mais non.

Elle épluche une banane.

FRANÇOISE. Je suis désolée pour ce qu'ils ont dit ... sur vous et la juge.

L'AVOCAT *(qui ne comprend pas tout de suite)*. Oh! ... vous ne devriez pas! ... Ils tentent quelque chose, c'est de bonne guerre.

FRANÇOISE *(très étonnée par cette indifférence)*. ... ah bon.

6 **Franprix:** französische Supermarkt-Kette.
12 **tarder:** hier: lange brauchen.
19 **éplucher:** schälen.
23 **tenter qc:** etwas versuchen.
24 **c'est de bonne guerre** (fig.): etwa: das ist legitim.

47. PLUS TARD – RETOUR À LA SALLE DU TRIBUNAL

LE PRÉSIDENT. … Il résulte donc de tous ces éléments que la preuve n'est pas rapportée que Françoise Barnier se trouvait en état de nécessité au moment des vols qui lui sont reprochés et qu'elle reconnaît avoir commis. Il convient donc de prononcer la nullité du jugement déféré.

Françoise frémit. Le visage de son avocat se tend.

LE PRÉSIDENT. Elle sera donc déclarée coupable des délits visés à la prévention. Sur le prononcé de la peine, la Cour retiendra que Françoise Barnier est sans antécédents judiciaires, que toutefois les vols se sont répétés dans trois magasins différents … Elle tiendra enfin compte des ressources limitées de Françoise Barnier et la condamnera donc au vu de ces éléments à 3000 francs d'amende avec sursis.

Mouvement dans l'assistance … Le journaliste Maynal est le premier à quitter la salle.

Tandis que le président annonce que la Partie civile sera déboutée de sa demande d'indemnité, nous

3 **resulter de qc:** aus etwas hervorgehen, sich aus etwas ergeben.
7 f. **la nullité:** Nichtigkeit.
8 **le jugement déféré:** das ergangene Urteil.
11 **visé, e à la prévention** (jur.): etwa: als Delikt im Strafgesetz vorgesehen (*la prévention:* Vorbeugung, Prävention).
11 f. **le prononcé de la peine** (jur.): Strafmaß.
17 **une amende:** Geldstrafe.
17 f. **avec sursis** (m.): auf Bewährung.
22 **être débouté, e:** abgewiesen werden.
une indemnité: Schadenersatz.

voyons l'avocat de Françoise lui prendre la main avec un regard rassurant, l'air perdu de Françoise, les journalistes se lever et quitter la salle, Maître Vigne ranger son dossier …

48. PEU APRÈS – HALL DU PALAIS DE JUSTICE

Caméras et micros sont repoussés par la police et confinés à un endroit précis, près de la sortie.

La voilette de son chapeau dissimulant son visage, Françoise apparaît, le bras tenu par son avocat. Elle rejoint le groupe de journalistes. Les questions fusent.

JOURNALISTE. Que pensez-vous du jugement qui vient d'être rendu?

FRANÇOISE *(voilée)*. Je suis fatiguée … c'est dur d'avoir à prouver qu'on est pauvre!

L'AVOCAT. Ce rendu est tout bonnement une honte! Si ma cliente apparaît voilée pour préserver son anonymat, c'est la Justice qui se voile aujourd'hui! La Cour a fait primer le droit à la protection des biens au droit à la nourriture pour un enfant! Mais surtout ils ont reproché à ma cliente de n'avoir pas émis un chèque sans provision! D'avoir refusé

2 **rassurant, e:** beruhigend.
6 **repousser:** zurückdrängen.
6f. **confiner:** beschränken.
10 **les questions fusent** (fig.): es hagelt Fragen (*fuser* hier, fig.: aufsteigen, erschallen).
17 **un anonymat:** Anonymität.
18 **faire primer:** den Vorrang geben.

le surendettement qui avilit et rend encore plus dépendantes les familles nécessiteuses. Par son geste, elle refusait cette honte, et ils ne l'ont pas supporté!

JOURNALISTE *(à Françoise)*. Qu'allez-vous faire maintenant?

FRANÇOISE. Ce que je vais faire maintenant? … M'occuper de mes enfants.

JOURNALISTE *(à Françoise)*. Pourriez-vous encore voler?

FRANÇOISE. Je pensais vraiment pas voler quoi que ce soit … mais si c'était à refaire … non, je volerais pas. Je ne suis pas une voleuse.

JOURNALISTE. Que feriez-vous?

FRANÇOISE. Je sais pas … J'irais au centre communal d'action sociale et j'attendrais qu'on m'écoute. Comme tout le monde.

Son avocat l'entraîne vers l'extérieur.

L'AVOCAT. Merci, messieurs-dames, merci … Laissez, voyons … Ma cliente est fatiguée … Je vous en prie … C'est terminé, terminé! … Écartez-vous!

49. DEVANT LE PALAIS DE JUSTICE – EXT. JOUR

Françoise et son avocat se dirigent à pas pressés vers la voiture de Françoise, suivis par le groupe de journalistes, cameramen et photographes … Les passants se sont rassemblés sur la place du Palais, les voitures sont

1 **le surendettement:** Überschuldung.
avilir: erniedrigen, entwürdigen.
2 **nécessiteux, se:** bedürftig.

à l'arrêt, la police a du mal à faire circuler les badauds … Tous suivent des yeux cette femme en chapeau de deuil qui court maintenant vers sa voiture, tandis que les journalistes lancés derrière elle, poursuivent.

ENLEVEZ VOTRE VOILETTE, S'IL VOUS PLAÎT! UNE PHOTO!!

QUELLE IMPRESSION CELA VOUS FAIT D'ÊTRE MÉDIATIQUE?

ON DIT QUE VOUS ALLEZ ÊTRE REÇUE PAR LE PREMIER MINISTRE! C'EST VRAI?

QUE PENSEZ-VOUS DE LA POLITIQUE SOCIALE DU GOUVERNEMENT?

Françoise s'est engouffrée dans sa voiture avec son avocat. Il prend le volant et démarre en trombe. La jeune femme s'est couchée sur la banquette et a disparu des regards.

FIN

1 **le badaud:** Schaulustiger, Gaffer.
7 f. **être médiatique:** hier: das Interesse der Medien wecken.
13 **s'engouffrer dans qc:** sich in etwas stürzen.
14 **prendre le volant:** sich ans Steuer setzen.
démarrer en trombe (f.; fig.): davonbrausen.

Liste artistique

Dominique Blanc	FRANÇOISE BARNIER
Denis Podalydès	AVOCAT F. BARNIER
Michèle Goddet	JUGE DAVRAY
Chantal Neuwirth	ASSISTANTE SOCIALE
Serpentine Teyssier	SUBSTITUT STAGIAIRE
Yves Verhoeven	INSPECTEUR DE POLICE
Gérard Giroudon	M. BRUN
Catherine Davenier	JUGE SALLE COMMUNE
Christophe Odent	PRÉSIDENT DU TRIBUNAL
Claude Duparfait	JUGE D'APPEL
Fanny Florido	SANDRA BARNIER
Lucile Marteau	JENNIFER BARNIER

Liste technique

Réalisation	Claire Devers
Scénario	Claire Devers et Jean-Louis Benoît
Conseiller artistique	Carlos Conti
Assistants de réalisation	Julie Gavras et Yaël Fauthoux
Image	Hélène Louvart
Son	Laurent Poirier
Montage	Marie Castro et Monica Coleman
Mixage	Anne Lecampion
Décors	Jean Castelnau
Costumes	Anne David
Maquillage	Evelyne Byot

Musique	Béatrice Thiriet
Directeur de production	Pascal Bonnet
Coordination de la production	Zaïda Ghorab-Volta
Producteur délégué AGAT Films & Cie	Gilles Sandoz
Unité de programmes Fictions La Sept ARTE	Pierre Chevalier

Une coproduction La Sept ARTE, AGAT Films & Cie

Editorische Notiz

Das Glossar enthält alle Wörter, die nicht im *Dictionnaire fondamental de la langue française* von Georges Gougenheim (Paris: Marcel Didier, [1]1958) verzeichnet sind. Im Zweifelsfall wurde großzügig verfahren, d.h. einerseits eher eine Vokabel mehr aufgenommen als dort vorgesehen, andererseits – bei auch im Deutschen verständlichen Begriffen – auf eine Erklärung verzichtet.

Im Glossar verwendete französische Abkürzungen

adv.	adverbe
dial.	dialectal (Dialektausdruck)
f.	féminin
fam.	familier (umgangssprachlich)
fig.	sens figuré (übertragen)
jur.	juridique (Rechtssprache)
m.	masculin
pl.	pluriel
pop.	populaire (salopp)
qc	quelque chose
qn	quelqu'un

Annexe

L'humaine jurisprudence

Le droit dispose parfois de ressources insoupçonnées. À preuve ce jugement surprenant rendu, mercredi 26 février, par le tribunal correctionnel de Poitiers. Ayant à juger une mère de famille prévenue de vols de denrées alimentaires dans une grande surface, les juges l'ont relaxée au bénéfice d'un antique concept jurisprudentiel dit de *«l'état de nécessité»*.

L'affaire, rapportée par l'AFP, vaut d'être contée. Le 17 janvier, cette mère de deux enfants, âgée de trente-six ans, est prise en flagrant délit de vol de nourriture, essentiellement de la viande, dans un supermarché de Poitiers. Les délits sont constitués. Les poursuites engagées. Et l'affaire vient mercredi devant le tribunal de grande instance de Poitiers. Pour sa défense, la prévenue n'a d'autre argument à présenter que sa détresse matérielle. Elle explique qu'elle élève seule ses deux enfants, de trois et dix-neuf ans, et qu'elle souffre d'une maladie nécessitant des soins hospitaliers. Elle indique qu'elle dispose de très faibles ressources mensuelles, dont une partie (1700 francs) provient d'un emploi de deux heures et demi par jour comme commis de cuisine dans un restaurant, emploi qu'elle occupe alors qu'elle pourrait percevoir une allocation chômage à taux plein. Et enfin, elle affirme que si elle a volé, c'est faute de pouvoir faire autrement pour nourrir sa famille.

Le cas est, malheureusement, d'une banalité quotidienne. Le jugement le sera moins. Le tribunal va, en effet, prononcer la relaxe et l'expliquer dans ses attendus. Citons-les simplement: la prévenue, *«placée dans cette situation psychologique d'avoir à bien faire pour ses enfants tout en enfreignant la loi, a obéi à un état de nécessité qui lui a paru supérieur»*. Et ajoute le tribunal: *«L'état de nécessité, concept jurisprudentiel, a été élaboré au début du XXe siècle et concernait à l'époque le vol d'un pain. Il s'agit en l'espèce de viande, mais en raison de l'évolution et de l'éducation alimentaire actuelle, le motif est identique. Il y a donc lieu de constater que l'infraction de vol n'est pas constituée.»*

Voilà! Ce jugement est tout simplement extraordinaire qui, de façon très jurisprudentielle, pose le principe d'un *«état de nécessité»* supérieur à la loi. À oser, mais tel n'est pas le sujet, on dirait qu'il consacre, dans le domaine le plus concret de la survie quotidienne, une sorte de légitimité, sinon de droit, à l'incivisme alimentaire.

Le droit au pain. À la viande. La revanche en somme de Jean Valjean, condamné au bagne pour une miche volée! En tout cas ce jugement va probablement faire quelque bruit. On ignore si le Parquet ou si les grandes surfaces plaignantes feront appel. On devine en quel embarras vont se trouver désormais tous les tribunaux de France face aux multiples affaires de ce type quand les avocats ou les prévenus feront référence à la jurisprudence poitevine. Mais on peut être convaincu d'une chose: les magistrats de Poitiers ont dit bellement, humainement le droit. Ils se sont inscrits dans la société réelle de leur temps. Et ils ont condamné l'exclusion bien mieux que par de longs discours!

Pierre Georges. Le Monde. 28 février 1997.

Décision concernant le vol de nourriture

Cour d'appel de Poitiers, chambre correctionnelle, 11 avril 1997; Mme G. contre SA Rocadis

Les faits sont constants et reconnus par la prévenue qui, à trois reprises, a frauduleusement soustrait le 17 janvier 1997, à l'occasion d'un voyage à Potiers, des denrées alimentaires de nature non précisée pour un montant total de 470,35 F au magasin Leclerc, 7 morceaux de viande pour un poids total de plus de 6 kg pour un montant total de 598,05 F au magasin Intermarché de Bruxerolles et 16 paquets de charcuterie à la coupe pour un montant total de 516,50 F au magasin ATAC à la sortie duquel elle s'est faite interpeller.

Il résulte des dispositions de l'article 122-7 du Code pénal entré en vigueur le 1er mars 1994, mais reprenant la jurisprudence dégagée sur l'état de nécessité – fait justificatif – depuis 1956, que «n'est pas pénalement responsable la personne qui, face à un danger actuel ou imminent qui menace elle-même, autrui ou un bien, accomplit un acte nécessaire à la sauvegarde de la personne ou du bien, sauf s'il y a disproportion entre les moyens employés et la menace», le danger rencontré devant notamment être réel et actuel ou imminent, la réaction de sauvegarde devant être nécessaire et mesurée par rapport à la gravité de la menace, et la preuve de ce fait justificatif incombant à la personne qui s'en prévaut.

En l'espèce, reconnaissant avoir commis ces vols, Annick G. a déclaré: devant les services de police, qu'ayant peu de ressources et deux enfants à charge, elle avait décidé de voler des denrées alimentaires pour elle et ses enfants; devant le tribunal correctionnel, qu'elle avait de grosses difficultés financières, ne recevant aucune pension alimentaire pour ses enfants, précisant que ceux-ci – Steven, âgé de 3 ans et Manuella, âgée de 19 ans – s'étant plaints à maintes reprises de n'avoir à manger que de la purée mousseline ou des pâtes au jambon, elle avait «craqué» devant les rayons des supermarchés qui lui montraient ce qu'elle ne pouvait offrir, au moins une fois, pour améliorer leur ordinaire alimentaire; devant la cour, qu'elle n'avait rien à donner à manger à ses enfants et qu'elle voulait remplir son réfrigérateur et le compartiment congélateur de celui-ci.

Il résulte certes des éléments du dossier et des débats qu'Annick G., âgée de 36 ans au moment des faits, ayant deux enfants à sa charge, âgés respectivement de 3 ans et de 19 ans, pour lesquels elle ne recevait pas de pension alimentaire, exerçant un emploi à temps partiel de commis de cuisine depuis le 17 dans un restaurant de Niort où elle demeurerait depuis le 1er juillet 1996, était confrontée à une situation financière particulièrement difficile alors qu'au regard de ses charges de loyer (de 420,18 F par mois APL déduite), d'électricité, d'assurance de son véhicule automobile, des frais de nourrice pour Steven, des frais de transport à Poitiers pour la scolarité de Manuella, et de ses propres frais de transport à Poitiers pour suivre, en milieu hospitalier, les soins que nécessitent son état, ses ressources n'étaient que de 4478 F par mois, lui laissant un disponible de l'ordre de 3000 F pour subvenir au reste de ses dépenses habituelles alimentaires, vestimentaires et scolaires, pour elle et ses deux enfants.

Il doit cependant être observé que son compte bancaire était créditeur de 2583,30 F au 6 janvier 1997 et de 1859 F au 20 janvier 1997, selon ses propres déclarations devant la Cour. Il l'était donc au jour des faits malgré l'encours des chèques et cartes bancaires émis.

Il doit aussi être observé qu'elle devait percevoir une allocation de soutien familial pour Steven, ainsi qu'une prise en charge VSL pour ses transports à Poitiers.

Il doit enfin être relevé qu'aucun élément n'est produit de nature à démontrer un retentissement de cette situation économique sur l'état de santé des enfants de la prévenue.

Compte tenu de ces éléments, les difficultés financières d'Annick G. sont insuffisantes pour caractériser au jour des faits un danger réel et actuel ou imminent menaçant ses enfants.

Il est d'ailleurs significatif à cet égard de relever que c'est pour «améliorer l'ordinaire des enfants» qu'Annick G. avait déclaré devant le premier juge avoir commis ces vols.

À ce niveau il convient aussi de relever que ce sont trois vols qui ont été commis successivement par Annick G. et portant, en ce qui concerne ceux dont l'inventaire des marchandises volées figure au dossier, sur des quantités importantes de viande ou de charcuterie, incompatibles avec le seul acte nécessaire à la sauvegarde de la personne menacée au sens de l'article 122-7 du Code pénal.

Il résulte donc suffisamment de ces éléments que la preuve n'est pas rapportée qu'Annick G. se trouvait en état de nécessité, tel que défini par l'article susvisé au moment des trois vols qui lui sont reprochés et qu'elle reconnaît avoir commis.

Elle sera donc déclarée coupable des délits visés à la prévention.

Sur le prononcé de la peine, la Cour retiendra qu'Annick G. est sans antécédents judiciaires, que toutefois les vols se sont répétés dans trois magasins différents et que si l'un des magasins a été dédommagé du préjudice qu'il a subi à la suite du vol commis à son encontre, il n'en est pas de même des deux autres magasins concernés. La cour tiendra enfin compte des ressources limitées d'Annick G. et la condamnera donc au vu de ces éléments à 3000 F d'amende avec sursis [...].

La Semaine Juridique. Édition G. N° 43. 1997. S. 461 f.

Anmerkungen zur Erarbeitung des Films im Unterricht

I

Die Arbeit im Französischunterricht der Oberstufe geht von Texten aus, landeskundlichen und literarischen im weitesten Sinne. Der weitaus überwiegende Teil des Textmaterials wird den Schülern bisher in schriftlicher Form vorgelegt, die meisten Arbeitsformen zielen dementsprechend auf die Erschließung schriftlicher Vorlagen aller Art, erfordern als Reaktion u. a. die Beantwortung inhaltsbezogener Fragen, die Erstellung eines *résumé*, die persönliche Stellungnahme usw. Daneben sind erfreulicherweise auch die verschiedensten kreativen Formen immer mehr im Kommen. All diese Arbeitsformen sind selbstverständlich immer sinnvoll und ertragreich, so z. B. auch in Phasen, wo sich das Unterrichtsgeschehen auf Drehbuchtexte u. dgl. stützt.

Die neueren Bildungspläne geben indessen den durch Medien vermittelten Texten schon seit einiger Zeit deutlich breiteren Raum und fordern z. B. explizit die gründliche Ausbildung des Hörverstehens ein. Dies war unumgänglich, zielt doch der Französischunterricht der Oberstufe auf die Ausbildung der Kommunikationsfähigkeit im weitesten Sinne sowie auf mehreren Ebenen, und – man mag es bedauern, darf es aber keinesfalls ignorieren – ein Großteil der Informationen, die wir und unsere Schüler heute täglich aufzunehmen haben, ist nun einmal nicht mehr schriftlicher Art. Film und Fernsehen prägen unser Leben – es wäre dem Französischunterricht vorzuwerfen, wollte er dem nicht Rechnung tragen.

Zwar sind über den übermäßigen Fernsehkonsum vieler Jugendlicher hier sicher keine Worte zu verlieren, doch sollte man im Auge behalten, dass auch die Vermittlung verschiedenster Inhalte und Kenntnisse über audiovisuelle Kanäle läuft: politische Bildung, negative/positive Vorbilder und Idole und auch ein Gutteil dessen, was an Literatur im weiteren Sinne von heutigen Schüler rezipiert wird.

Die Arbeit mit audiovisuellen Materialien, insbesondere der Videocassette und neuerdings der DVD, bringt nicht zuletzt dadurch enorme Vorteile, dass die Schüler durch die ›Flüchtigkeit‹ der Textpräsentation hierbei kaum die Möglichkeit haben, auf der Ebene der Paraphrase zu bleiben. Sie müssen zwingend selbstständig gliedern und formulieren. Gerade für die Arbeitsform des kreativen Schreibens oder, anders formuliert, das Erstellen unterschiedlicher Textarten in Einzel- und Teamarbeit, bieten sich in Claire Devers' Film viele sinnvolle Ansatzpunkte.

Während der ersten, rezeptiven Phase ist die Beachtung der psycholinguistischen Aspekte des Hörverstehens im Unterricht (Aufbau einer *›écoute active‹* durch *›projets d'écoute‹*, Abkehr vom Wort-für-Wort-Verstehenwollen) Grundvoraussetzung für die Arbeit mit diesem komplexen visuellen Material.

II

Nach der Erarbeitung von Wortschatz zur Erklärung und Interpretation des Films (äußere und innere Charakteristik von Personen, Handlungsabläufe, dramatische Phasen, Konflikte, verschiedene psychologische Aspekte usw.) ermöglicht der Film sodann eine Vielzahl an Arbeitsformen, von einfachen, resümierend-analytischen bis zu komplexeren, kreativen Projekten:

– Die Erarbeitung aufnahmetechnischer Kategorien (Standort der Kamera, Kameraeinstellungen, Kamerabewegungen, Schnitte usw.) und deren Funktionalität im Hinblick auf die Aussagekraft der Bilder.

– Kleinere Teile einer Szene lassen sich danach, ausgehend vom Text, zu konkurrierenden Drehbuchentwürfen verarbeiten, bevor der Film gesehen wurde (ganz kurze Entwürfe sind sinnvoll: 4–6 Einstellungen finden auf einem Blatt DIN A4

Platz). In der Diskussion der Entwürfe werden wichtige Kategorien zur Bewertung erarbeitet, die für den Vergleich eigener Entwürfe mit Claire Devers' Lösung nutzbar zu machen sind.

– Kreative Textproduktionen der verschiedensten Art:

Rollenspiele, bei denen die ganze Klasse / der ganze Kurs eingesetzt werden kann. Eine Gruppe von Schülern bereitet eine Informationssendung über das dem Film zu Grunde liegende Geschehen vor. Es werden Rollen verteilt, Interviews aufgenommen (Videokamera/Cassettenrecorder) mit den Filialleitern der Supermärkte, den Pressesprechern der Unternehmen, dem Supermarkt-Detektiv, den verschiedenen Vertretern der Justiz, Passanten, Schülern anderer Klassen usw. usw. Eine Magazinsendung wird imitiert: ein Fernsehjournalist / eine Fernsehjournalistin befragt auf offener Szene die Hauptfigur, Françoise Barnier (warum nicht auch eines ihrer Kinder?), einen Supermarkt-Geschäftsführer, Vertreter politischer Parteien (eine gute Gelegenheit, zuvor die französischen politischen Parteien einzuführen) usw. usw.

Schriftliche Äußerungen: Françoise Barnier vermarktet ihre Geschichte: sie lässt sich von einer Journalistin interviewen (die Schüler sollten die wichtigsten Presseorgane kennenlernen), beantwortet Briefe, in denen ihr Vorwürfe gemacht werden oder ihr gratuliert wird. Die sozial interessierte Richterin der ersten Instanz verfasst ein Schreiben, in dem sie sich ausführlich rechtfertigt.

Verschiedene beteiligte Personen melden sich mit Leserbriefen zu Wort, um ihre Meinung zu artikulieren oder zu anderen Briefen Stellung zu nehmen.

– Mit entsprechender technischer Ausrüstung (TV-Karte im Computer) lassen sich von der Videocassette (wie von allen Fernsehsendungen) Standbilder ziehen, die ihrerseits in vielfältiger Weise im Unterricht, für Hausarbeiten, für Leistungskontrollen nutzbar zu machen sind (Sprechblasen: Verfassen von Dialogen, Denkblasen: innere Monologe, Beschreibung und Erklärung der abgebildeten Personenkonstellation, Körpersprache, Gestik und Mimik, ebenso der oben angesprochenen filmtechnischen Kategorien).

III

Der im vorliegenden *scénario* niedergelegte Text des Films lässt verschiedene Sprachebenen erkennen. Dies entspricht zum einen natürlich dem sprachlichen Befund einer nach Sprecher und Sprechanlass differenzierten vielschichtigen Gegenwartssprache, die im ständigen Wandel begriffen ist, und stellt insoweit für sich allein schon ein Element des Realismus dar.

Zum andern sind diese sprachlichen Besonderheiten noch anders motiviert: die soziale Schichtung, die der Tiefenhandlung des Films zugrunde liegt – deutlicher ausgedrückt, die soziale Kluft, welche die Personen trennt –, wird auch mittels der dargestellten Sprachebenen verdeutlicht.

So sind vor allem die Äußerungen der Hauptperson und ihrer Kinder deutlich gekennzeichnet durch Merkmale des *code oral* und des *langage familier*, der gesprochenen Umgangssprache also. Dies wird erkennbar an unvollständigen Sätzen (»Faut que ça marche, faut que tu marches ...!! Merde! Pas la bagnole!!«, S. 13; »Fait chaud!«, S. 15), emotiv bedingten Satzabbrüchen (»Je veux juste ... que la mairie ... Je veux juste [...]. Je n'irai pas, je peux pas ...«, S. 12; »Je peux pas moi, je peux pas ... pas maintenant!!«, S. 13), Aufdoppelungen u. dgl. (»J'arrête pas d'y aller à la pêche!!«, S. 16; »De mari, j'en ai plus«, S. 17), weiter in der Lexik, die zahlreiche Beispiele liefert (»je suis peut-être conne ... Bien conne«, S. 11; »c'est quarante balles d'essence«, S. 15; »j'ai chopé un coup de soleil«, S. 16; »foutre«, »piquer qc«, »bouffer qc«, »emmerder qn«, »la saloperie« u. a. m.).

Ferner sind strukturell-grammatische Auffälligkeiten unübersehbar. Da ist zunächst die eingliedrige Negation des *code oral* zu nennen: »vous m'ouvrez pas de dossier« (S. 9), »je peux pas m'en sortir« (S. 68), »il restera rien« (S. 10), »je veux pas perdre mon logement« (S. 11), »si j'ai pas de dossier« (ebd.), usw.

Ebenso die Fragestellungen: »pourquoi vous m'ouvrez pas de dossier?« (S. 9), »c'est quoi une situation catastrophique!?« (S. 10), »Qui t'as voté?« (S. 15), »Pourquoi que ça changerait pas?« (S. 17), »Où on va aller?« (S. 18).

Ferner finden sich zahlreiche Elisionen, die nicht dem *code écrit* entsprechen: »j'suis«, »t'as voté« usw.

Daneben sind zahlreiche weitere, z. T. auch dialektal gefärbte Äußerungen unübersehbar: »ça me connaît« (S. 16), »ils se rappelleront à nous« (S. 17) u. a. m.

Demgegenüber entsprechen die Äußerungen jener Personen, welche den Justizapparat vertreten, naturgemäß ganz überwiegend dem gepflegten Stil des *code écrit* (mit aussagekräftigen Ausnahmen: »Je n'en ai rien a cirer!« antwortet der Gerichtspräsident auf ein formal völlig gerechtfertiges Ansinnen, S. 95).

Dies gilt natürlich insbesondere für die im Zusammenhang mit dem Verfahren anfallenden Äußerungen (»Vous êtes relaxée, vous pouvez rentrer chez vous«, S. 56; »Qu'est-ce que vous vouliez que je fasse!«, S. 57; »La justice n'est pas une œuvre sociale, que je sache!«, ebd.; »Personne ne vous accuse de quoi que ce soit, mais tout le monde est en droit de commenter votre jugement«, S. 93), soweit sie nicht der Fachsprache der Jurisprudenz zuzurechnen sind (»entamer une procédure disciplinaire«, S. 94; »je requiers, selon l'article 427 alinéa 2 du Code de procédure pénale […] l'annulation du jugement«, S. 97, usw. usw.).

Eine Erarbeitung dieser sprachlichen Phänomene im Unterricht bietet sich an.

Inhalt

Französische Fremdsprachentexte

IN RECLAMS UNIVERSAL-BIBLIOTHEK

Dramen, Drehbücher

Jean Anouilh: Antigone. Pièce en un acte. 118 S. UB 9227

Claire Devers / Jean-Louis Benoît: La Voleuse de Saint-Lubin. Scénario. 126 S. UB 9125

Eugène Ionesco: La Cantatrice chauve. Anti-pièce. 69 S. UB 9164

Mathieu Kassovitz: La Haine. Scénario. 155 S. UB 9081

Louis Malle: Au revoir, les enfants. Scénario. 141 S. UB 9290

Molière: L'Avare. Comédie en cinq actes. 144 S. UB 9022

– Le Malade imaginaire. Comédie en trois actes. 127 S. UB 9217

– Le Tartuffe ou l'Imposteur. Comédie en cinq actes. 131 S. UB 9087

Jean Racine: Phèdre. Tragédie en cinq actes. 135 S. UB 9299

Yasmina Reza: Trois versions de la vie. 119 S. UB 9108

Jules Romains: Knock ou Le Triomphe de la Médecine. Comédie. 111 S. UB 9154

Edmond Rostand: Cyrano de Bergerac. Comédie héroïque. 240 S. UB 9026

Jean-Paul Sartre: Morts sans sépulture. Pièce en deux actes. 109 S. UB 9175

Philipp Reclam jun. Stuttgart